国家社会科学基金重点项目"基于集成场理论的中国物流业高质量发展机制研究"（20AJY015）
河南省科技厅软科学项目"双碳目标下河南省物流拉动效能的逻辑诠释、定量测度及精准提升研究"（242400411165）
河南省重点研发与推广专项（科技攻关）（232102320041、222102320459）

资源环境约束下
中国物流业发展质量测度
及提升研究

The Research on Development Quality Measurement and
Improvement of China's Logistics Industry
Under the Constraints of Resources and Environment

■ 白东灵　卢红奇/著

中国财经出版传媒集团
经济科学出版社
Economic Science Press
·北京·

图书在版编目（CIP）数据

资源环境约束下中国物流业发展质量测度及提升研究 /
白东灵，卢红奇著. --北京：经济科学出版社，2024.4
ISBN 978 - 7 - 5218 - 5823 - 5

Ⅰ.①资… Ⅱ.①白… ②卢… Ⅲ.①物流 - 经济发
展 - 研究 - 中国 Ⅳ.①F259.22

中国国家版本馆 CIP 数据核字（2024）第 079882 号

责任编辑：杜　鹏　武献杰　常家凤
责任校对：郑淑艳
责任印制：邱　天

资源环境约束下中国物流业发展质量测度及提升研究

ZIYUAN HUANJING YUESHUXIA ZHONGGUO WULIUYE FAZHAN ZHILIANG CEDUO
JI TISHENG YANJIU

白东灵　卢红奇 / 著
经济科学出版社出版、发行　新华书店经销
社址：北京市海淀区阜成路甲 28 号　邮编：100142
编辑部电话：010 - 88191441　发行部电话：010 - 88191522
网址：www.esp.com.cn
电子邮箱：esp_bj@ 163.com
天猫网店：经济科学出版社旗舰店
网址：http://jjkxcbs.tmall.com
固安华明印业有限公司印装
710 × 1000　16 开　13.5 印张　210000 字
2024 年 4 月第 1 版　2024 年 4 月第 1 次印刷
ISBN 978 - 7 - 5218 - 5823 - 5　定价：99.00 元
（图书出现印装问题，本社负责调换。电话：010 - 88191545）
（版权所有　侵权必究　打击盗版　举报热线：010 - 88191661
QQ：2242791300　营销中心电话：010 - 88191537
电子邮箱：dbts@ esp.com.cn）

序　言

在当前全球经济一体化和国内经济结构转型发展的大背景下，中国物流业迎来了前导性、战略性和基础性的挑战。从集成场体系观察，物流业作为连接生产和消费、供应链端一端的重要环节，在经济发展中扮演着微观经济动能自组织到宏观高质量发展至关重要的角色。视作研究体系中的资源环境约束如何在资源环境压力下提升物流业的发展质量，成为当前学术界和产业界亟须解决的问题。白东灵博士和卢红奇博士撰写的《资源环境约束下中国物流业发展质量测度及提升研究》一书，正是在这一大背景下应运而生。本书以资源环境约束为切入点，以集成场视角系统探讨了中国物流业高质量发展的问题，提出了一系列具有前瞻性和可操作性的对策建议。作为本书的序言作者，我感到非常荣幸，愿意在此分享一些个人的见解和感受。

本书的主要内容可以概括为以下几个方面。

首先，作者对资源环境约束下物流业的发展现状进行了全面梳理和分析。通过对国内外物流业发展经验的对比研究，指出了中国物流业在资源环境约束下存在的主要问题和挑战。这部分内容不仅为后续研究奠定了坚实的基础，也为读者提供了一个清晰的认识框架。物流业的发展质量不仅关系到国民经济的整体运行效率，还直接影响到资源的合理利用和环境保护。在资源环境约束日益强化的今天，传统的以数量扩张为主的发展模式已难以为继，亟须向高质量发展转型。本书深入探讨了这一重要课题，从资源环境约束的角度切入，深入分析了物流业发展质量的内涵和外延，构建了科学合理的测度体系，为后续研究提供了坚实的理论基础。

其次，本书详细探讨了物流业发展质量的测度方法。在理论层面上，作者综合运用了多种经济学和管理学的理论工具，构建了一套科学的物流业发展质量评价体系，通过测算物流业发展中消耗的能源，产生的 CO_2、SO_2、NO_X、PM 颗粒物等，分析物流业发展面临的资源环境约束现状。在实证研究中，作者利用大量的统计数据和计量经济学模型，对中国物流业的发展质量进行了全面的实证分析。这部分内容不仅展示了作者深厚的学术功底，也为相关领域的研究提供了有益的借鉴。

最后，基于狭义和广义视角对资源环境约束下物流业发展质量构建测度体系，创建信息空间权重矩阵，探索物流业发展质量的空间特征。这一工作不仅对于把握物流业发展现状至关重要，也为制定差异化发展策略提供了科学依据。在识别物流业发展质量提升因素的基础上，本书基于全局和局部空间计量模型探究各提升因素的独立影响作用，并运用 fsQCA 方法探究各提升因素的协同路径影响作用，这有助于明晰不同地区物流业发展质量各提升因素的影响作用差异，精准化差异化地制定物流业高质量发展政策。

在本书的写作过程中，作者不仅进行了大量的文献调研和数据分析，还深入企业进行实地调研，收集了丰富的第一手资料。这种理论与实践相结合的研究方法，使得本书的内容更加贴近实际，具有较强的应用价值。

作为一名经过集成场研究体系训练的物流研究学者，深知资源环境约束对物流业发展的重要性和紧迫性，物流业作为国民经济的重要组成部分，其发展质量不仅关系到经济的健康运行，也关系到资源的有效利用和环境的可持续发展。因此，研究资源环境约束下物流业的发展问题，不仅具有重要的学术意义，也具有重要的现实意义。

本书将为物流业的发展提供新的思路和方法，为推动中国物流业的可持续发展作出积极的贡献。

董千里

2024 年 1 月

前　言

　　物流业发展质量提升是实现中国经济高质量发展的重要组成部分。在以生态优先为导向的高质量发展背景下，突破资源环境约束实现质量提升是中国物流业发展面临的重大时代命题。随着中国能源安全、"双碳"目标等战略的纵深推进，如何阐释、测度和提升资源环境约束下物流业发展质量迫在眉睫。

　　基于此，本书从中国物流业面临的资源环境约束现状出发，一是构建狭义和广义视角资源环境约束下物流业发展质量的测度模型，二是探究中国物流业发展质量的空间特征，三是揭示物流业发展质量提升因素的独立和协同影响作用，四是应用研究结论对物流业发展质量提升提出具有针对性的政策建议。本书以期为提升资源环境约束下中国物流业发展质量的政策制定和发展规划提供科学依据和理论参考，主要研究内容和结论如下。

　　（1）中国物流业能源消耗、碳及污染物排放测算分析。分别对物流业能源消耗量，CO_2、SO_2、NO_X、$PM_{2.5}$、PM_{10}排放量及其强度做了测算和分析，并运用面板 Granger 因果检验方法等探讨了物流业经济增长与能源消耗、碳及污染物之间的关系。研究结果表明，物流业能源消耗量、碳及污染物排放量均呈稳步增长态势，污染物减排形势较碳减排更为严峻，经济增长、能源消耗、碳及污染物的两两变量之间均存在短期和长期双向因果关系。

　　（2）资源环境约束下中国物流业发展质量的测度分析。构建基于 Super-SBM-Undesirable 的物流业生态效率模型和基于压力—状态—价值—响应的

PSVR 模型，分别对 2005～2020 年中国 30 个省份狭义和广义物流业发展质量进行定量测度，并从全国、区域、省域层面分析其分维度特征。研究结果表明：中国物流业发展质量总体呈上升趋势但空间差异显著；狭义物流业发展质量呈现"东部—中部—东北部—西部"阶梯下降态势，广义物流业发展质量呈现"东部—西部—中部—东北部"阶梯下降态势；上海物流业发展质量最高，其次为天津，云南物流业发展质量最低。

（3）资源环境约束下中国物流业发展质量的空间特征分析。创建信息空间权重矩阵，基于泰尔指数、β 收敛模型、标准差椭圆、莫兰指数方法，分别从空间差异性、空间收敛性、空间方向性、空间关联性刻画中国物流业发展质量空间特征。研究结果表明：区域内部差异是物流业发展质量空间差异的主要来源；全国层面物流业发展质量将趋于稳态，狭义物流业发展质量达到其稳态水平约需 20 年，而广义物流业发展质量约需 45 年；物流业发展质量呈现稳定的"东北—西南"走向且有进一步强化南北方向的趋势，空间重心持续向东部转移；物流业发展质量具有越来越强的空间正相关性，"高—高"集聚和"低—低"集聚是其主要局部集聚模式。

（4）资源环境约束下中国物流业发展质量提升分析。基于空间计量模型和 fsQCA 方法，分别探究了单因素对质量提升的独立影响作用和多因素协同对质量提升的组态路径作用。研究结果表明，物流业发展质量提升存在显著的正向空间溢出效应，信息空间联系加强了空间溢出效应，狭义物流业发展质量的空间溢出效应更强；能源结构、经济发展、技术创新对物流业发展质量提升的独立影响作用最为突出，其中，能源结构的强促进区域逐步由"北弱南强"演变为"西北西南弱东南强"格局；当前物流业发展质量显现出三条组态化提升路径，即以经济发展和对外开放为主要核心条件的经济—开放型路径，以能源结构、技术创新为核心条件，环境规制为主要辅助条件的清洁—技术型路径，以产业结构、环境规制和城镇化为主要核心条件的全面发展型路径。

白东灵

2024 年 1 月

目　录

| 第1章 |

绪　　论

1.1　研究背景

（1）物流业是支撑国民经济发展的基础性、战略性、先导性产业。在经济社会全球化发展背景下，工业生产与商品贸易对货物流通的时间及成本要求越来越高[1]。物流业融合了货物运输、仓储保管、信息服务等多个产业，通过系统组织和流程优化控制时间和成本，在当今的全球经济环境中扮演着越来越重要的角色。在宏观层面，作为新兴的复合型服务性产业，物流促进了国家和地区的物流和供应链活动专业化和集成化，被誉为"国民经济增长的加速器"[2]。物流业在很多国家的国民经济增长中占有很大份额，物流业增加值在德国 GDP 中占据近7%的份额，在美国 GDP 的比例接近8%[1,3,4]。在微观层面，物流业促进了工业企业的生产和销售，通过将产品安全交付给最终客户提高了原材料采购和成品销售的效率，通过物流服务外包减少了工业企业在物流方面的重资产投资，在提高物流服务质量降低物流成本方面发挥了重要作用。

中国自20世纪70年代末引入物流概念，物流业经历了几十年的快速发展。自2009年《物流业调整和振兴规划》发布以来，与物流业密切相关的交通运输、仓储和邮政业固定资产投资额由2009年的2.5万亿元增加到

2021 年的 6.14 万亿元，年均占全国固定资产投资总额的 9.38%；货运量和货运周转量由 2009 年的 282.5 亿吨和 122133 亿吨公里，增加到 2021 年的 471.4 亿吨和 199394 亿吨公里，年均增速分别为 5.25% 和 5.02%；产业增加值由 2009 年的 16522.4 亿元增加到 2021 年的 42802.1 亿元，年均占全国生产总值的 9.39% 且呈上升趋势。现代物流已成为中国出口、贸易、投资等经济增长的重要拉动力量，对提高经济运行的质量和效益，增强国家核心竞争力都有重要意义，是支撑国民经济发展基础性、战略性、先导性产业。

（2）物流业高能耗、高排放、高污染式发展与日益趋紧的资源环境约束矛盾突出。物流业为国民经济发展作出巨大发展贡献的同时，也消耗了大量资源能源，产生了 CO_2（二氧化碳）等温室气体，SO_2（二氧化硫）、NO_X（氮氧化物）、PM 颗粒物等环境污染物。作为全球变暖和极端气候事件的密切相关者[5,6]，CO_2 排放量逐年递增的情形令人担忧。物流业是仅次于电力行业的世界第二大碳排放源[7,8]，其占比超过 20%[9]。物流业发展面临的资源环境约束，已成为一个普遍而紧迫的问题，引起了世界各国的广泛关注[1,3]。

作为世界第二大经济体，中国更是面临着日益严重的环境退化问题。在中国"多煤、少油、少气"的能源特征下，中国物流业消耗了大量的化石能源，造成了严重的环境污染[10-12]。2009 年，中国首次超过美国成为最大的碳排放国[13]。在 2020 年碳排放最多的 5 个国家中，美国、印度、俄罗斯和日本的全球碳排放份额分别下降了 7.7%、5.9%、5.5% 和 7.5%，而中国的全球碳排放份额为 30.7%，同比增长了 0.6%[14]。面对巨大的碳减排压力，中国已宣布到 2030 年实现碳排放在 2005 年的基础上减少 60%~65%，并在 2060 年前实现碳中和。中国的"双碳"目标和时间限制意味着在最短的时间内实现最高的碳减排，这将引发国民经济和社会领域，特别是物流行业的广泛而深刻的变革[15]。2020 年 6 月 8 日发布的《第二次中国污染源普查公报》显示，与物流业密切相关的移动源已成为中国环境污染新的重要污染源，而由此产生的 SO_2、NO_X、PM 颗粒物等污染物更是空气污染的罪魁祸首。中国物流业发展在经济体制改革 40 多年的背景下，形成了不同于西方国家独具特色的发展模式。资源能源的大量投入使得物流业发展取得快速进步，但与此同时，在营运过程中也排放了大量的 CO_2 温室气体，SO_2、NO_x、PM 颗粒物等空气污染物[16,17]，长期高能耗、高排放、高污染式发展方式无法满足中国日益严格的资源环境约束要求。

（3）以生态优先、绿色发展为导向的高质量发展是中国物流业的必然选择。从频繁发生的地震、旱灾、沙尘暴等自然灾害看，生态环境的安全已经严重影响和制约了人民的生活和经济发展，人类已经深切感受到生态环境破坏带来的恶果。遵循自然规律，大力加强生态环境建设，才能更好促进经济社会和谐发展。国内外实践证明，生态环境保护和经济发展是辩证统一的，决不能简单割裂开来[18]，生态优先绿色发展是高质量发展的重要导向。放眼全国上下，生态环境保护被提到了前所未有的高度。绿水青山与金山银山的"两山论"表达了中国治理生态环境的决心。党的十九届五中全会提出"要坚持绿水青山就是金山银山理念"，"促进经济社会发展全面绿色转型"，"要探索以生态优先、绿色发展为导向的高质量发展的新路子"。党的二十大报告中也指出"必须牢固树立和践行绿水青山就是金山银山的理念，协同推进降碳、减污""推动经济社会发展绿色化、低碳化是实现高质量发展的关键环节"。

经济高质量发展的重要前提是各产业的高质量发展。物流业与经济高质量发展密切相关，是中国经济高质量发展的重要组成部分。物流业作为国民经济发展的支撑性、先导性和战略性产业，一方面，对中国过去几十年的经济发展引领作用突出；另一方面，物流业长期高能耗、高排放、高污染式发展远不能满足生态环境保护要求[19,20]。在现有技术条件下，环境污染物仍然是物流业发展不可分离的非期望产出。实践证明，不能以停止经济增长的方式来解决环境问题，经济增长停滞将带来严重的经济和社会问题，也无益于环境污染问题的解决。中国物流业须兼顾经济增长和环境保护，尽可能地降低物流业带来的环境影响，即在既定的经济产出背景下，最大限度地降低温室气体和环境污染物排放，实现物流业高质量发展。中国物流业高质量发展是要考虑生态优先、绿色发展的高质量发展。如何准确把握物流业推动经济高质量发展的战略要求，又满足生态环境保护要求，在考虑资源环境约束的同时保持物流业经济动能最大化，最大限度发挥物流业对经济发展的支柱、战略、先导作用，提升资源约束下物流业发展质量对未来一段时期物流业及中国经济社会发展意义重大。

（4）资源环境约束下物流业发展质量研究亟须加强。研究物流业发展质量是促进物流业高质量发展的基础和前提。不同于速度增长，发展质量不再追求量的扩张，而是强调增长的优劣程度，以质量反映发展水平[21]，使得科学内涵更为丰富。物流业发展质量是对物流整体运行情况，满足人民日益增长的美好生活需要程度的衡量，是总量、效益、结构、发展可持续和成果共享的结果，在实现经济高质量发展阶段，物流发展所要经历的新阶段和新模式[22]。"两山论"的深入实践阐释了生态保护与经济发展辩证关系，突出了生态环境保护在高质量发展中的优先地位，资源环境约束是未来一段时间物流业实现高质量发展面临的紧迫而现实的问题。

国内外学者直接对物流业发展质量和物流业高质量的研究相对较少，现有文献强调从全面和综合的角度阐释物流业发展质量的科学内涵、衡量方式、影响因素，缺乏在节约资源能源、协同减污降碳背景下物流业发展质量的研究。目前资源环境约束下物流业发展质量的特征、规律及影响因素的系统性研究尤为不足，系统性的理论和实践研究体系尚未形成，而这将导致国家、各省市在制定物流业环境保护政策时具有一定的盲目性，无法结合自身的资源环境、经济发展、交通区位、产业基础等条件实施精准化科学化的政策和措施。照搬照抄、"一刀切"式的政策不仅不能有效节约资源能源减少环境污染物排放，反而可能加剧资源消耗和环境污染，对经济社会发展产生不利影响。例如，在某些省市，一到秋冬季节雾霾天气，就盲目对物流货车采用限高、限时、限车型等措施，然而企业生产的原材料供应和产成品销售及人们日常生活需要的物资无时无刻不需要物流业持续、快速地运转。在这样的情况下，不合理的政策实施的结果是，物流活动仍在竭尽所能地开展，货车多绕行几十公里，一辆大货车换成几辆小货车，资源能源消耗、环境污染物排放、物流运行成本随之增加，而运行效率却大大下降，环境保护政策没有达到预期目标反而走向了对立面。再如，电力作为物流业新能源的代表，在全国范围内大受追捧，但能源补贴政策可能并不适用于所有省份。由于各省份发电方式、气候温度、地形地貌、货品类型等情况不同，新能源补贴可能造成企业或个人单纯追求补贴反而不利于环境保护的情形。综上分析，从资源环境约束视角研究物流业发展质量的内涵和规律特征，深入探究中国物流业发展质量的测度模型、空间特征及提升路径，为各省份实施精准化、科学化的物流业发展政策和措施提供理论支撑亟待加强。

1.2　问题提出

物流业作为国民经济发展的支撑性、战略性和先导性产业，高消耗、高排放、高污染的粗放式发展在日益趋紧的资源环境约束下难以为继。在最大限度地降低资源能源消耗和环境污染物排放的同时，最大程度保障物流业对经济社会发展的支撑作用，是物流业发展面临的重大问题。

资源环境约束下的物流业发展质量既有狭义上物流系统运营效率的内涵，又是广义上物流业全面发展情况的体现。在市场规模效应和溢出效应等共同作用下，资源环境约束下物流业发展质量在不同时期和不同区域呈现不同特征，受经济、社会、资源环境等多方面因素的独立和共同影响。如何阐释、测度和提升资源环境约束下物流业发展质量，是在中国经济进入"以生态优先绿色发展"为导向的高质量发展背景下亟待解决的重要问题。本书通过对狭义和广义视角资源环境约束下中国物流业发展质量的内涵界定、定量测度、空间特征及其提升分析，试图回答以下问题。

（1）物流业发展受到的资源环境约束具体有哪些？

（2）如何阐释狭义和广义视角资源环境约束下物流业发展质量的内涵？如何对物流业发展质量进行定量测度？

（3）资源环境约束下物流业发展质量可循迹的特征和规律是什么样的？

（4）影响资源环境约束下物流业发展质量提升的因素有哪些？各因素如

何以独立或者协同形式影响物流业发展质量提升？

要找到这些问题的答案，需要对物流业发展面临的资源环境约束有清晰的认识，深入研究资源环境约束下物流业发展质量的理论和实践内涵，揭示其空间特征，分析其提升的影响机制。在丰富相关理论研究成果的同时，为政府顶层规划设计、行业发展政策制定、企业战略管理实施提供理论和实践支撑。

本书中资源环境约束下物流业发展质量研究是在省级层面进行的。研究样本包括北京、天津等30个省份，由于香港、澳门、台湾地区和西藏的数据缺乏较为严重，将其排除在外。相较于国家尺度，省级尺度的研究既能从微观层面反映物流业发展质量的区域差异和省份特征，又可从宏观层面探究其空间聚合、分布方向等演化规律，更好地反映物流业发展质量的真实情形。

1.3　研究目的与意义

1.3.1　研究目的

本书的研究目的是为资源环境约束下中国物流业发展质量提升提供理论模型和实证支撑。本书构建狭义和广义视角资源环境约束下物流业发展质量的理论测度模型，探究中国物流业发展质量空间特征，揭示物流业发展质量提升因素的独立和协同影响作用。研究目的具体如下。

（1）理论层面：基于投入产出的生态效率模型，构建狭义视角资源环境约束下物流业发展质量测度框架体系；基于压力（pressure）—状态（state）—价值（value）—响应（response）PSVR 模型（发生了什么、为什么发生、应对价值如何及如何应对发生的状况），构建广义视角资源环境约束下物流业发展质量测度框架体系，为相关产业发展质量测度提供借鉴和参考。

（2）应用层面：揭示资源环境约束下物流业发展质量的空间特征规律，

识别影响物流业发展质量提升的经济、社会、环境因素，探究各因素对物流业发展质量提升的独立影响和协同路径，为政府、行业、企业的物流高质量发展规划和决策提供科学依据。

1.3.2　研究意义

本书首先测算物流业发展中消耗的能源，产生的 CO_2、SO_2、NO_X、PM 颗粒物等，分析物流业发展面临的资源环境约束现状；其次，基于狭义和广义视角对资源环境约束下物流业发展质量构建测度体系；再次，创建信息空间权重矩阵，探索物流业发展质量的空间特征；从次，基于全局和局部空间计量模型，探究物流业发展质量提升因素的独立影响作用；最后，基于 fsQCA 方法（模糊集定性比较分析法）探究物流业发展质量提升因素的组态路径。本书可为资源环境约束下中国物流业发展质量提升提供政策依据，具有一定的理论价值和现实意义。

（1）理论意义。

①丰富了资源环境约束中"资源环境"的理论内涵。现有研究在考虑物流业发展的资源环境约束问题时，大多仅考虑到能源消耗及 CO_2 温室气体排放。然后在现实中，CO_2 仅为温室气体，并非严格的环境污染物，忽略了 SO_2、NO_X、PM 颗粒物却是物流业对环境造成污染的最主要来源，未能认识到未来中国物流业面临的是温室气体和环境污染物协同减排的重要事实。因此，本书在既有减少能源消耗和 CO_2 排放的资源环境约束基础上，纳入 SO_2、NO_X、PM 颗粒物等环境污染物，在一定程度上丰富了物流业资源环境约束的理论内涵。

②拓展了资源环境约束下产业发展质量的理论研究框架。既有成果在研究产业的资源环境约束问题时，通常在原有产业发展测度框架体系中直接加入资源能源消耗和环境污染物等指标，指标设置的理论依据不足，未能系统全面阐释资源环境约束下物流业发展质量的测度逻辑和理论框架。因此，本书试图从狭义和广义两个视角系统全面地阐释资源环境约束下物流业发展质

量。基于投入、期望产出和非期望产出的生态效率模型，构建"从速度变革到效率变革"的狭义视角物流业发展质量；基于物流高级化发展理论和 PSR 环境模型，考虑到产业发展是经济、环境和社会的子系统，在 PSR 框架中加入物流业发展的经济、环境和社会的价值维度，构建广义视角资源环境约束下物流业发展质量的 PSVR 理论模型。本书构建的狭义和广义视角资源环境约束下物流业发展质量的理论研究框架，可为工业、农业等其他产业提供借鉴参考。

（2）现实意义。

①有利于科学认识和准确测度资源环境约束下物流业发展质量。在对中国 30 个省份近 16 年的狭义和广义物流业发展质量进行定量测度的基础上，本书从全国、区域及省域层面分析其分维度特征，并考虑到物流业运营过程的空间流动性及其 CO_2、SO_2 等环境污染物排放的空间流动性[19,23]，从空间差异性、收敛性、方向性、关联性等方面全方位宽视角地揭示了物流业发展质量空间演化特征，有利于正确认识资源环境约束下物流业发展质量。

②为物流业高质量发展的精准化差异化政策制定提供依据。在识别物流业发展质量提升因素的基础上，本书基于全局和局部空间计量模型探究各提升因素的独立影响作用，并运用 fsQCA 方法探究各提升因素的协同路径影响作用，这有助于明晰不同地区物流业发展质量各提升因素的影响作用差异，精准化、差异化地制定物流业高质量发展政策。

1.4　文献综述

1.4.1　物流业资源环境约束研究

为了突破资源环境约束，物流业必须走可持续绿色发展之路[2]。物流业的资源环境问题早在 1956 年就受到美国关注，绿色政策法规和准时制生产对美国的绿色物流实施提供了重要保障。日本也在 1989 年就提出要限制物流业颗粒物、氮氧化物排放量，推行低排污标准货车以推进绿色物流发展。中国在 2000 年左右提出物流业资源环境问题。

以"篇名 = 绿色 + 可持续 + 碳 + 生态 + 资源环境 + 能源"且"篇名 = 物流"为检索条件，截至 2023 年 3 月 10 日，在中国知网（CNKI）数据库共检索到核心期刊论文 2102 篇；以"Title = green or sustainable or carbon or ecology or resources or environment or energy"且"Title = logistics"为检索条件，在 Web of science core collection 中共检索到英文文献 1796 篇，使用文献计量工具 VOSviewer 分别对中文文献和英文文献中关键词共现关系进行可视化显示，结果分别如图 1.1（a）和图 1.1（b）所示。

从图 1.1（a）可以看出，在中文文献中，物流业资源环境问题研究在 2010 年之前侧重于煤炭物流、农产品物流、绿色运输等特定行业的研究，以及绿色供应链、绿色物流管理的发展策略和对策分析；从 2014 年开始，运用 LMDI、系统动力学、遗传算法研究物流业低碳发展、碳排放、碳交易、碳税的文献逐步增多；而在 2018 年之后，关于能源消费、新能源汽车、资源整合、智慧物流的研究成为热点，运用 DEA 方法研究物流效率、生态效率的文献开始增多。在图 1.1（b）的英文文献中，2014 年前后侧重绿色物流、逆向物流的研究，2018 年前后侧重物流业可持续性和绩效的研究，而在 2019 年前后侧重信息技术、创新发展及 CO_2、能源效率的研究，对应的影响因素分析也成为研究热点。综合中英文文献来看，物流资源环境问题研究经历了从绿色物流、逆向物流、绿色供应链等概念定性研究到能源消耗、CO_2 排放、能源效率的定量研究的变化。物流业碳排放、考虑非期望产出的物流效率研究在近年来成为热点，因此，下面从这两个方面分析物流业资源环境问题的研究动态。

（1）物流业碳排放研究。低碳经济概念的发展使得气候与能源、环境污染问题被并列提出。由于物流业本身是能源消耗和 CO_2 排放大户，低碳物流受到国内外学者关注。董千里等[24]认为低碳物流从低碳经济延伸而来，是尽可能在物流活动中减少能源消耗，减少 CO_2 气体排放的物流模式。与此同时，物流业 CO_2 排放也受到了学者广泛关注。物流业 90% 以上的 CO_2 排放是

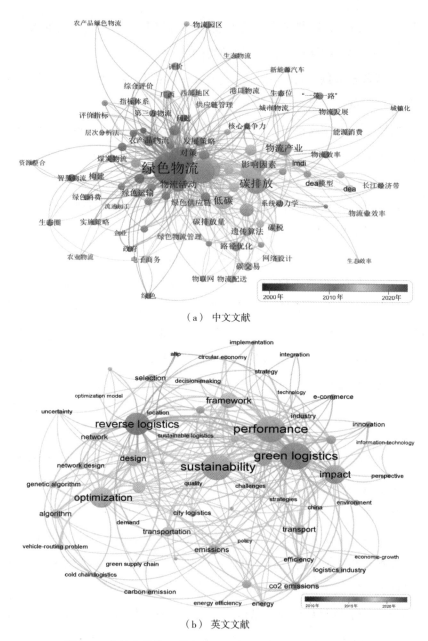

（a）中文文献

（b）英文文献

图1.1　物流业资源环境问题文献的关键词共现可视化图谱

由运输业消耗能源所带来的[25]。然而，物流业中运输、仓储和配送等活动
之间存在着"效益背反"现象，单纯研究运输业 CO_2 排放不利于物流业整体

CO_2 减排。目前，物流业碳排放研究主要集中在碳排放量测算、碳排放绩效等方面。

在物流业碳排放量测算方面，投入产出法、能源 IPCC 消耗系数法、实际排放量测算法等是几种常规方法。王丽萍和刘明浩[26]测算了 1997~2014 年中国物流业的直接和隐含碳排放，并发现经济规模对物流业碳排放的正向驱动效应最大，总贡献率为 36.16%。杨和唐[27]运用 IPCC 方法基于汽油等五种能源消耗量测算云南省 16 个地级市物流业 CO_2 排放量，研究发现经济发展促进了物流业 CO_2 的排放。徐和陆[28]以 GPS 轨迹数据形式提取货物运输信息，引入 CO_2 排放强度（EI）的概念，提出了基于重力理论的城际 CO_2 EI 模型。伍德[8]引入碳排放计算器，建立了基于 EN16258 的货运物流所有运输方式的碳排放计算标准。

在碳排放绩效方面，碳排放通常被作为一项指标合并到物流业发展评价体系中，测定其碳排放效率或低碳物流绩效等。比如，玛利亚诺等[3]利用数据包络分析（DEA）方法的松弛测度（SBM）模型构建了低碳物流绩效指数（LCLPI）模型，对 104 个国家进行了 LCLPI 排名。拉希迪和库利纳内[1]将能源消耗和 CO_2 排放纳入 DEA 模型，分析了 22 个经合组织国家的可持续物流绩效（LPI）。郑琰等[29]测算了陆运和空运两种方式移动碳源排放量，以顺丰企业为例测算碳排放效率，发现其碳排放效率正在持续增长。

（2）考虑能源消耗及污染物排放的物流业效率研究。关于物流业资源环境问题，现有文献还从环境生产技术出发，将能源作为一种重要的投入要素、CO_2 作为非期望产出，加入到物流生产系统中来。

张立国等[25]、马越越[30]、Long 等[23]，将资产、劳动、能源作为物流系统投入，CO_2 排放量、物流业产值作为产出，对中国省级物流业绿色效率进行了评价，一致认为考虑能源和碳排放的效率评价更符合实际情况。再如，谭等[31]以 CO_2 和物流业安全事故数量为非期望产出，考察了中国可持续物流效率的时空变化及外生因素影响。戴宇践和罗雨森[32]以 CO_2 排放量为非期望产出，对中国 2003~2019 年物流业绿色全要素生产率进行测度，发现其值呈上升趋势。另外，效率测算方法主要集中在指标法[33]、生态足迹法[34]及

DEA 方法[35,36]等。DEA 方法作为非参数方法应用广泛，其中，考虑非期望产出的超效率 SBM（Super-SBM-Undesirable）模型由于其非径向、有效区分好坏产出等优点成为主流方法[19,37]。

1.4.2 物流业发展质量测度研究

由数量到质量转变的高质量发展，是当前中国物流业发展的关键[38,39]。物流业发展质量的概念源于经济高质量发展对物流业的要求。目前直接对物流业发展质量进行研究的文献较少，国内外以"物流指数[40]""物流发展水平[41]""物流效率[23,42-44]""物流绩效[45-47]""全要素生产率[48]"等对某个国家、地区、企业的物流发展状况进行评价。

以"篇名＝绩效＋效率＋生产率＋水平＋评价＋测度＋质量"和"篇名＝物流"为检索条件，截至 2023 年 3 月 10 日，在中国知网中共检索到核心期刊论文 1968 篇。以"Title＝performance or efficiency or productivity or level or evaluation or quality"且"Title＝logistics"为检索条件，在 Web of science core collection 中共检索到文献 2329 条。使用文献计量工具 VOSviewer 分别对中文文献和英文文献中关键词共现关系进行可视化显示，结果分别如图 1.2（a）和图 1.2（b）所示。

从图 1.2（a）可以看出，在中文文献中，物流发展质量相关评价在 2010 年之前侧重运用主成分分析法、层次分析法、平衡计分卡在微观层面对物流企业和第三方物流进行绩效评价；在 2013 年之后，从宏观区域和产业角度运用 DEA 方法对物流效率、能源效率、全要素生产率的评价增多；而在 2019 年之后，对"一带一路""长江经济带"等特定区域的物流业高质量发展评价增多。在图 1.2（b）的英文文献中，2013 年之前物流评价多集中在运用 AHP、DEA 方法对逆向物流、物流绩效进行测算；而在 2018 年之后，对物流的可持续性、绿色物流效率评价增多。综合中英文文献来看，物流评价经历了从绩效评价到物流效率及质量评价的变化。当前文献对物流业发展质量的测度以效率测度和综合测度为主，下面从这两个方面进行分析。

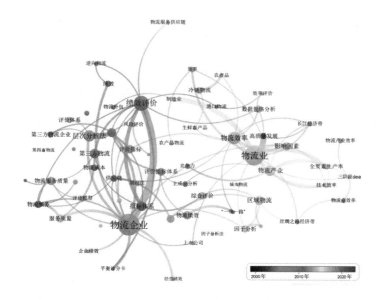

（a）中文文献

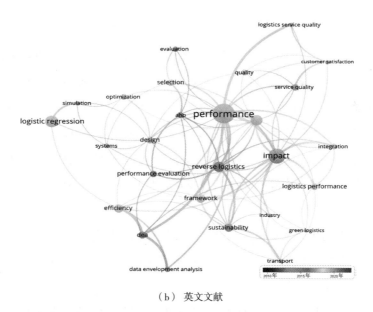

（b）英文文献

图 1.2　物流发展质量相关文献的关键词共现可视化图谱

（1）从效率角度对物流业发展质量进行测度研究。生产率是长期以来评价经济和产业发展质量的重要工具[49-51]。物流生产率、效率测度侧重评价指标的除法，此时，物流业被视为人工生产大系统，从投入和产出角度测算其产业效率。

在物流业效率测度中，物流业资产和劳动投入、增加值和货运周转量产出是传统考虑要素[44]。在 2018 年经济高质量概念被提出后，学者纷纷运用效率进行发展质量和高质量发展水平的测度。曹允春等[52]运用 DEA 模型，以物流业传统全要素生产率衡量 2004～2018 年中国 31 个省份的物流业发展质量。李娟和王琴梅[53]基于投入产出视角，将 CO_2 排放量纳入效率评价指标中，构建了"节能减排"约束下的物流业发展质量测度体系。

（2）物流业发展质量测度研究。为更深层次理解物流业发展质量，下面从其他产业和物流业两个层面来分析物流业发展质量测度的研究动态。

①产业发展质量测度研究。各产业发展质量的提升是实现经济高质量发展的基础。中国不同产业的发展质量存在较大差异，产业的环境、经济和社会效益发展不平衡。

旅游业、工业、农业等产业发展质量测度研究的成果较为丰硕。在旅游业发展质量方面，任国平等[54]从狭义效率视角研究旅游业高质量发展，认为旅游经济效率是旅游经济增长质量评价的核心。在工业发展质量方面，史丹和李鹏[55]认为工业发展质量的实质是工业对经济发展的贡献和价值，并从产出效率、技术创新等 8 个维度的 36 个指标测度了 2001～2017 年中国工业发展质量。在农业发展质量方面，贾冀南等[56]构建了包含生产生活、资源利用、生态环境的农业绿色高质量发展评价指标体系，并运用熵值法测度了 2019 年中国农业绿色高质量发展水平。以上关于产业高质量发展水平和发展质量测度的研究为物流业发展质量测度提供了重要参考。

②物流业发展质量测度研究。物流业发展质量测度主要从国家整体、省域、城市三个层面展开。

从国家整体层面，蹇令香等[57]在绿色化、服务水平、成本效率指标基础上，加入物流集中度、平衡性、标准化指标，运用主客观组合赋权与TOPSIS 法对中国 2003～2018 年整体物流业发展质量进行测度，研究发现中国物流业发展质量整体呈现递增趋势。

从省域层面，林双娇和王健[58]从运行规模、供给质量、发展效应和代价四个维度运用熵值法对中国 2004～2017 年物流业高质量发展水平进行测度，发现东部地区高质量发展水平较高。赖靓荣等[59]、王东和陈胜利[59]基于新发展理念，分别运用熵权法和 TOPSIS 测度了中国 2011～2019 年 30 个省份物流业高质量发展水平，发现中国物流业发展质量稳步提升，但水平仍然较低。

从城市角度，王鹏等[61]基于绿色发展、技术创新、经济基础、物流运载能力和产业绩效五个维度构建了包含货运周转量、工业废水排放量等 20 个指标的评价体系，测度了 2018 年中国长三角区域 27 个城市的物流高质量发展水平，发现上海在 27 个城市中位列第一，各城市高质量发展水平表现出较大差异性。梁育民和田思苗[62]以物流业提质增效、绿色智慧发展建立评价指标体系，运用熵值法和主成分分析法对 2005～2020 年广东省 21 个地级市物流高质量发展水平进行测度，发现物流业高质量发展对区域经济有显著影响。

1.4.3　物流业发展质量提升研究

目前直接对于物流业发展质量提升研究的文献较少，但从物流业发展质量的内涵考虑，物流业效率的提升和高质量发展实现为物流业发展质量提升提供了直接参考。比如，卢美丽[63]和曹允春等[52]运用 QCA 方法从组态视角分别研究了中国物流业效率提升路径和高质量发展实现路径。此外，区域经济和相关产业发展质量提升[64-66]及高质量发展实现[67]、物流业发展及其效率的影响因素[68-70]等相关文献为物流业发展质量提升研究提供了重要参考。

（1）经济及产业发展质量提升研究。在区域经济发展质量提升方面，李新安[71]以经济全要素生产率为经济发展质量的代理变量，分析了河南省区域创新能力对经济发展质量的提升作用，发现创新能力每增加 1%，经济发展质量可提升 0.6976%。詹新宇和曾傅雯[72]发现行政区划调整可显著提升地市级经济发展质量。

在产业发展质量提升方面，彭树涛和李鹏飞[66]对比中国与德国、日本制造业发展质量，从质量监管、市场竞争和产业增长三方面定性分析了制造业发展质量提升路径；杨守德和张天义[65]利用面板模型分析了营商环境对流通业发展质量提升的影响作用；李书昊和魏敏[73]从创新驱动、数字赋能等四方面阐释了旅游业高质量发展实现的四条路径。区域经济和相关产业发展质量提升及其高质量发展实现，在研究方法和思路上为物流业发展质量提升提供了支撑。

（2）物流业发展及其效率的影响因素研究。众多学者从经济因素、物流产业因素和社会发展因素对物流发展的影响展开了大量研究，积累了丰硕成果。资源环境约束下物流业发展的影响因素研究除了从经济水平[23]、产业结构[74]、产业集聚[75]等经济因素，技术研发投入[74,76]等技术创新因素，环境规制[77]等环境因素，外商直接投资[78,79]等对外开放因素也是通常考虑的外在影响因素。

在物流业发展及其效率影响因素的研究方法上，面板数据计量分析方法是现有文献中广泛应用的方法。SFA 面板回归模型[74,79]、面板 Tobit 模型[31,76,77]在早些年的研究中应用较多，但由于这些模型均没有考虑到经济活动中普遍存在的空间依赖性，不能客观解释影响因素的空间效应。相对地，空间计量模型由于考虑了地理单元之间的空间相关性，在近些年分析物流业发展影响因素时被广泛应用[80,81]。例如，龙等[23]基于经济和地理空间权重矩阵，应用空间杜宾模型分析了长江经济带物流业生态效率的影响因素；李正昕等[81]基于各县之间的地理弧度距离建立空间权重矩阵，探究基础投资等对长三角产业类型的影响效应。

1.4.4　研究述评

综上所述，国内外学者对物流业资源环境问题、发展质量测度和提升等相关方面进行了深入研究，为本书研究提供了重要支撑，但仍存在以下不足。

（1）现有研究在考虑物流业资源环境问题时，大多是仅考虑了物流业运营过程中产生的 CO_2 温室气体，却忽略了 SO_2、NO_X、PM 颗粒物是物流业对环境造成污染的最主要来源，未能认识到中国物流业面临的是温室气体和环境污染物协同减排的重要事实。

（2）对区域经济、产业和物流业发展质量或者高质量发展水平进行测度时，要么以新发展理念为依据，要么以效率作为质量的替代指标，对资源环境约束下产业发展质量的测度缺乏理论框架体系支撑。

（3）现有研究在空间面板计量模型分析时，大多是仅基于地理或经济空间权重矩阵进行，缺乏基于地理、经济、信息嵌套的空间计量模型分析，忽视了信息活动作为现代物流业七大基本功能之一的重要性，未考虑到物流业空间依赖性是受地理、经济、信息联系的综合影响。

（4）在研究物流业发展质量提升因素时，目前文献大多仅采用计量模型对各单一因素的独立影响作用开展研究，缺乏从复杂因果的多因素视角展开因素间的组态协同影响作用研究。

针对以上不足，本书将物流业运营过程中产生的 SO_2、NO_x、$PM_{2.5}$ 和 PM_{10} 等污染物纳入资源环境约束，分别构建基于投入产出的物流业生态效率模型和基于压力—状态—价值—响应的 PSVR 模型，对 2005～2020 年狭义和广义视角资源环境约束下中国 30 个省份的物流业发展质量进行定量测度；在邻接、地理、经济空间权重矩阵的基础上创建信息空间权重矩阵，探索物流业发展质量的空间特征；基于全局和局部空间计量模型，从空间溢出视角和时空异质性角度探究物流业发展质量提升因素的独立影响作用，并基于 fsQCA 方法探究物流业发展质量提升因素的组态路径，以期为资源环境约束下中国物流业发展质量提升的政策制定和行业规划提供理论参考。

1.5　研究设计

1.5.1　研究内容

本书的研究内容如下。

第1章，绪论。本章一是从物流业的重要作用等四个方面阐释了研究背景，并据此提出了研究问题；二是根据研究设想阐明研究的目的和意义；三是对相关研究成果进行归纳和述评，指出研究不足；四是阐述研究内容、方法和技术路线；五是提炼本书的创新点。

第2章，概念界定与理论基础。首先，本章对狭义和广义物流业发展质量等相关概念进行界定；其次，对集成场理论等相关理论进行阐述；再次，阐释了资源环境约束下物流业发展质量的 PSVR 模型；最后，从经济发展水平、产业结构等经济方面，环境规制、能源结构、能源强度等环境能源方面，城镇化水平、技术创新水平和对外开放水平等社会方面，分析了资源环境约束下物流业发展质量的提升因素。

第3章，中国物流业能源消耗、碳及污染物排放测算分析。首先，本章对物流业资源环境影响调查问卷进行分析；其次，在此基础上分别对物流业能源消耗量，CO_2、SO_2、NO_X、$PM_{2.5}$、PM_{10} 排放量及其强度做了测算和分析；最后，运用协整方程和面板 Granger 因果检验等方法探讨物流业发展与能源消耗、碳及污染物排放之间的相关关系、协整关系和因果关系。

第4章，狭义视角资源环境约束下中国物流业发展质量的测度及空间特征——基于生态效率模型。首先，本章将 CO_2、SO_2、NO_X、$PM_{2.5}$、PM_{10} 作为非期望产出，基于 Super-SBM-Undesirable 模型，对 2005～2020 年中国 30 个省份物流业生态效率及其分解的纯技术效率和规模效率进行测度；其次，从全国、区域、省域层面分析中国物流业生态效率及其分解变化规律；最后，基于泰尔指数分析其空间差异性、基于绝对 β 和条件 β 收敛模型分析其空间收敛性、基于标准差椭圆分析其空间方向性、基于信息空间权重四种空间权重矩阵分析空间关联性。

第5章，广义视角资源环境约束下中国物流业发展质量的测度及空间特征——基于 PSVR 模型。首先，本章基于 PSVR 模型，构建涵盖 4 个维度层、12 个准则层和 30 个指标层的广义视角资源环境约束下物流业发展质量测度体系；其次，运用纵横向拉伸档次法进行 Stata 编程以确定各指标权重，并测度资源环境约束下物流业发展压力、发展状态、发展价值、发展响应数值，并从全国、区域、省域三个层面分析广义物流业发展质量及其分维度变化规律；最后，从空间差异性、空间收敛性、空间方向性、空间关联性等对其空间特征进行刻画，并与狭义物流业发展质量—生态效率进行对比。

第 6 章，资源环境约束下中国物流业发展质量提升的空间计量分析。首先，本章以经济发展水平等各提升因素为自变量，狭义和广义视角资源环境约束下物流业发展质量为因变量，在对模型变量数据多重共线性和面板单位根检验的基础上，构建全局空间计量模型和局部空间计量模型，分析各提升因素的独立影响作用；其次，基于包括信息空间权重矩阵的四种空间权重矩阵，运用时空双固定的空间杜宾模型探究各提升因素的独立空间溢出效应和平均影响作用；最后，运用 GTWR 模型，深入探究各提升因素在不同时期和不同区域的时空异质性独立影响作用。

第 7 章，资源环境约束下中国物流业发展质量提升的组态路径分析。首先，本章以经济发展水平等各提升因素及其逻辑非为条件变量，狭义和广义视角资源环境约束下物流业发展高质量及非高质量为结果变量，分析了 fsQCA 方法的适用性；其次，对各因素变量进行了变量校准和必要性分析；再次，分别从高质量和非高质量组态化的典型案例分析物流业发展质量的条件组态结果；最后，以物流业发展高质量的三条组态化路径总结物流业发展质量提升路径，并对照非高质量典型案例进行路径选择。

第 8 章，研究结论、启示和展望。首先，本章总结各章节研究结论；其次，根据结论提出相应的政策建议；最后，分析了进一步可研究的内容和方向。

1.5.2　研究方法

（1）理论分析和实证分析相结合。将环境 PSR 模型和物流高级化发展理论价值机制结合，拓展广义视角资源环境约束下物流业发展质量的测度理论体系，将其与定量测度紧密结合，实现理论分析和实证分析的互为依据互为补充。

（2）静态分析和动态分析相结合。资源环境约束下物流业发展质量的聚集扩散、升高降低是一个动态过程,具有时序上和空间上的演化特征,采用静态分析的方法呈现不同区域、不同省区在固定时点上的离散集聚特征,采用动态分析的方法呈现物流业发展质量的跨期变化、时序演化特征。

(3)定性分析和定量分析相结合。定性分析资源环境约束下物流业发展质量的 PSVR 理论测度模型,在此基础上,通过纵横向拉伸档次法对资源环境约束下物流业发展质量进行定量测度;定性分析经济、社会、环境等方面因素对物流业发展质量提升的作用机理,进一步构建全局空间计量模型和局部空间计量模型,定量分析各因素对物流业发展质量提升的影响作用。

本书运用的具体研究方法有:采用 Super-SBM-Undesirable 模型对物流业生态效率进行测算;采用纵横向拉伸档次法测度广义物流业发展质量;采用泰尔指数方法分析物流业发展质量的区域差异;采用 β 收敛模型检验物流业发展质量的空间收敛性;采用标准差椭圆方法分析物流业发展质量的空间方向特征;采用全局和局部莫兰指数方法检验物流业发展质量的空间关联性特征;采用全局空间计量模型—空间杜宾模型研究物流业发展质量提升因素的独立空间溢出效应;采用局部空间计量模型—GTWR 模型研究各提升因素在不同时期和不同区域的时空异质性独立影响作用;采用 fsQCA 方法分析各提升因素如何以组态形式构成路径影响物流业发展质量。

1.5.3 技术路线

本书在对资源环境约束下物流业发展质量进行内涵界定和理论分析的基础上,遵循"狭义和广义物流业发展质量概念界定—物流业面临的资源环境约束现状—狭义和广义视角资源环境约束下物流业发展质量测度—空间特征分析—提升因素的独立影响作用分析—提升因素的组态路径分析"的研究思路,对资源环境约束下中国物流业发展质量展开了相关研究,技术路线如图 1.3 所示。

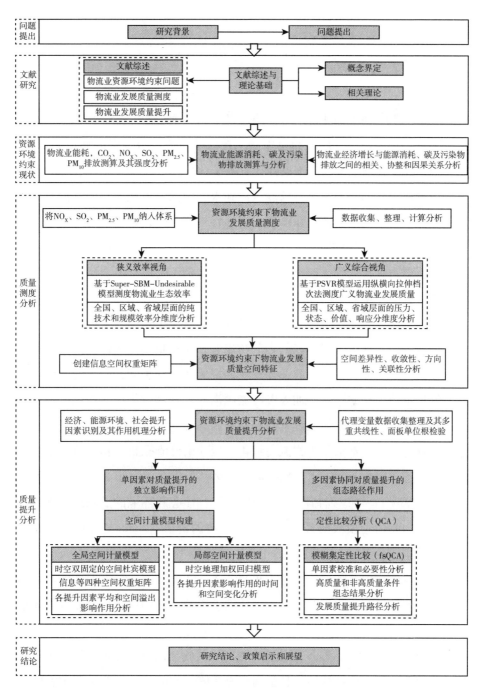

图1.3　技术路线

1.6　研究创新点

（1）将物流业产生的 SO_2、NO_X、$PM_{2.5}$、PM_{10} 等污染物纳入其环境影响，丰富了物流业资源环境约束内涵。在以往研究物流业资源环境问题时，多考虑物流业排放的 CO_2 温室气体，忽略了 SO_2、NO_X、PM 颗粒物是物流业对环境造成污染的主要来源，未能认识到未来中国物流业面临的是温室气体和环境污染物协同减排的重要事实。本书将物流业运营过程中消耗能源产生的 SO_2、NO_X、PM 颗粒物等污染物考虑其中，并利用不同区域、不同年份的中国区域电力碳排放因子对电力能源消耗产生的 CO_2 进行了准确测算，丰富了物流业资源环境约束内涵。

（2）基于物流高级化发展理论价值机制将环境 PSR 模型拓展为 PSVR 模型，构建了广义视角资源环境约束下物流业发展质量测度的理论框架。既有成果在研究物流业、工业、农业等产业的资源环境约束问题时，通常在其产业发展测度体系框架中直接加入资源能源消耗和环境污染物等指标，指标设置的理论依据不足，未能系统全面阐释资源环境约束下产业发展质量的测度逻辑和理论框架。本书基于物流高级化发展理论价值机制（物流价值是物流高级化的追求目标）和环境 PSR 模型（发生了什么、为什么发生、如何应对发生的状况），考虑到物流业发展是经济、社会和环境的子系统，在 PSR 框架中加入物流业发展的经济、社会、环境的价值（Value）维度，构建资源环境约束下物流业发展质量的 PSVR 理论模型（发生了什么、为什么发生、应对价值如何及如何应对发生的状况），也为工业、农业等其他产业的资源环境问题研究提供借鉴和参考，拓展了资源环境约束下物流业发展质量的理论框架。

（3）考虑到信息化是区别传统物流与现代物流的根本标志，创建了符合现代物流业空间关联特征的信息空间权重矩阵。空间权重矩阵是表示空间单元之间空间距离和联系的矩阵，是空间效应分析和空间计量分析的重要基础。物流业空间计量模型研究大多是基于地理或经济构建空间权重矩阵，忽视了物流业空间依赖性受到地理、经济、信息的综合影响，以及信息活动作为现代物流业七大基本功能之一的重要性。考虑到信息化是区别传统物流与现代物流的根本标志，由于互联网、物联网等智慧化物流信息基础设施的推广和应用，某个省份空间辐射的范围以及与其他省份的空间联系强度除了受到经济和地理因素的影响，还受到信息化水平的影响，本书创建了符合现代物流业发展特征的地理、经济、信息嵌套的信息空间权重矩阵，从新的角度阐释了物流空间联系。

|第 2 章|

概念界定与理论基础

研究资源环境约束下物流业发展质量提升的前提，是对相关概念、理论、理论测度模型和提升因素影响作用的分析。作为研究基础，本章对物流业发展质量等概念进行界定，分析了相关理论在本书中的应用，构建了广义视角资源环境约束下物流业发展质量的 PSVR 模型，并在识别物流业发展质量各提升因素的基础上，以广义视角为例分析各提升因素对物流业发展质量的影响。

2.1　相关概念界定

2.1.1　物流业

（1）物流业概念。"物流"的概念最早形成于美国，对应英语单词有狭义上的"physical distribution"和广义上的"logistics"之分。"physical distribution"一词起源于 20 世纪 30 年代，指现代物流中配送的活动内容，通常适用于流通领域[82]。"logistics"一词源于第二次世界大战中的美国军事后勤保障，在内涵和外延上包含了实物在生产、消费、流通领域汇总的物资流通，适用于整体供应链[83]。

物流业作为一个新兴的产业，国内外不同学者和机构对其概念也尚未统一。美国物流管理协会将物流业界定为包含上游供货业、仓储业、港口业、包装业、运输代理业、铁水航海运输业、包裹运输业、物流咨询业、第三方物流业、多式联运业在内的多种行业复合的产业。国内物流业概念比较有代表性的是丁俊发在《正确认识物流、物流产业、物流管理等基本概念》中提出的概念[84]。该文认为，物流产业是物流资源产业化而形成的一种复合型或者聚合性产业，物流资源不是简单的累加，而是整合后起到了"1 + 1 > 2"的功效。

虽然国内对物流业的定义尚未统一，但可以确定的是，物流业是融合了货物运输、信息服务等多产业的复合型产业。在《中国第三产业统计年鉴》（2007）中，物流业首次被正式列为第三产业之一。从统计的角度来看，物流业包括运输业、仓储业、邮政业、流通加工业、包装业。在 2009 年国务院印发的《物流业调整和振兴规划》中，物流业被认为是融合运输业、仓储业、货代业和信息业等的复合型服务产业。由于交通运输、仓储及邮政业占物流业增加值 85% 以上，而当前我国产业统计体系中尚未有"物流业"分类。因此，借鉴相关研究的做法[23,25,44,85]，本书中物流业相关数据提取交通运输、仓储及邮政业的相关数据作为替代。

（2）物流业发展阶段。自 20 世纪 70 年代末物流概念引入以来，中国物流业经过几十年的发展，伴随着中国经济经历了波澜壮阔的发展历程。本书参考王文举和何明珂[86]、董千里[87,88]的研究，认为中国物流业大致有四个发展阶段：1978～2000 年的物流探索期、2001～2011 年的物流快速发展期、2012～2018 年的物流转型升级期、2019 年至今的物流高质量发展期，每个阶段特征如表 2.1 所示。

表 2.1　　　　　　　　　　　中国物流业发展阶段

发展阶段	标志性开端事件	物流业发展特征
物流探索期（1978～2000 年）	国家物资总局组团赴日本考察，物流概念进入中国	国际物流企业纷纷进入中国，物流基础设施建设开始起步，物流企业开始涌现
物流快速发展期（2001～2011 年）	2001 年 3 月《关于加快我国现代物流发展的若干意见》发布，标志着物流在全国范围内布局和运作	物流业被各级政府重视；物流服务由单一功能型向综合服务型转变，信息化、网络化、自动化水平显著提升

续表

发展阶段	标志性开端事件	物流业发展特征
物流转型升级期 (2012~2018 年)	2012 年 8 月《国务院关于深化流通体制改革加快流通产业发展的意见》发布，明确了物流业对国民经济发展的基础性和先导性地位	各级政府对物流业支持力度加大，物流业规模稳步增长，物流链、供应链、产业链深度融合，物流业转型升级效果明显
物流高质量发展期 (2019 年至今)	2019 年 3 月，国家发展改革委联合中央网信办等 24 个部门和单位印发《关于推动物流高质量发展促进形成强大国内市场的意见》	物流智慧化、绿色化成为常态，物流业高质量服务实体经济能力全面提升，由此开启物流大国向物流强国的转变

2.1.2 物流业发展质量

物流业发展质量的狭义和广义之分来源于狭义和广义视角下的经济发展质量，在对物流业发展质量进行概念界定前，有必要对其进行介绍。

（1）狭义和广义经济发展质量。随着中国经济从高速增长阶段转入高质量发展阶段，各产业发展不再追求量的扩张，而是强调增长的优劣程度，以质量反映发展水平的提高，其科学内涵更加丰富[21,89]。物流业是中国经济高质量发展必不可少的组成部分，也随着中国经济高质量发展迈进了由总量增长向质量转变的关键期。物流业发展质量源于经济发展质量在产业层面的延伸，其内涵界定对物流业发展质量概念界定有一定借鉴意义。

经济发展质量有狭义和广义之分。中央党校省部级干部进修班课题组[90]强调经济发展质量在狭义上是生产的产品及提供的服务满足人民需求的程度，广义上是某个区域经济在总量、效益、结构、发展可持续和成果共享方面的结果。茹少峰等[91]认为，狭义经济发展质量可采用全要素生产率来衡量，广义上经济发展质量关注贫富差距、民生、生活环境等综合方面。杨万平和李冬[92]认为，狭义上生产的投入产出效率或者全要素生产率体现了其对经济增长的贡献，因此，狭义上的经济发展质量即为经济增长效率；广义上，经济增长效率与经济发展质量是必要不充分的关系，经济发展质量不仅包含经济增长效率，还包含影响经济的其他关键指标。

经济发展质量的狭义和广义概念具有普遍意义和较强的代表性，对物流业发展质量概念界定提供参考。

（2）狭义和广义物流业发展质量。物流业高质量发展的研究集中出现在2017 年之后。蒋超峰[93]在宏观层面对物流业高质量发展要做的几项工作进行了探讨。何黎明[94]认为当前我国物流运行的质量和效率与人民日益增长的对美好生活的需要仍然存在较大差距，为支撑现代化经济体系高质量发展，物流业须进行结构调整、动能转换和转型升级。汪鸣和陆华[95]指出经济高质量发展对物流业发展提出了新要求，要围绕物流服务供给和需求双侧推动物流产业转型升级，为经济和产业发展提供优质支撑。以上对物流业高质量发展的内涵阐释即是从经济高质量发展角度对其进行界定。

部分学者认为物流业发展质量应从物流业本身出发。比如，高小惠和倪超军[96]从物流市场供需角度，认为物流业发展质量是物流需求质量和物流供给质量的总称。卫宇杰等[97]从制造业质量竞争力指数出发，对我国物流业质量发展水平进行实证分析。此外，各学者对物流业高质量发展的内涵从多种角度进行了全方位的阐释，具有代表性的物流业高质量发展内涵界定如表 2.2 所示。

表 2.2　　　　　　　　　物流业发展质量及高质量发展的内涵界定

作者	年份	物流业发展质量相关的高质量发展内涵界定
陈方健[98]	2019	为促进经济高质量发展，满足人民日益增长的美好生活需要，物流业低成本、高效率、高服务水平、绿色化的发展
葛金田、杨傲翔[99]	2019	物流业发展质量是考虑物流业能源效率的物流业全要素生产率
朱煜[100]	2019	物流业发展质量是产业内部的设施网络体系、服务实体经济能力和内生发展动力，以及外部的营商环境、配套体系和政策保障情况
李娟和王琴梅[53]	2020	物流业发展质量是考虑非期望产出的物流业效率
曹允春等[52]	2020	以物流业的全要素生产率衡量物流业发展质量
董千里和闫柏睿[39]	2020	物流业高质量发展是"微观网链机制＋宏观网络体系"的协同发展和相互支撑，体现在面向市场满足需求的高质量

作者	年份	物流业发展质量相关的高质量发展内涵界定
高志军等[101]	2020	物流业高质量发展是要解决人民美好生活需要与中国物流运行的质量和效率之间的矛盾，须以物流价值创造为前提，质量第一，效率优先
黄永福[102]	2020	物流业营商环境好、物流需求强劲、物流企业运作水平高、智能化程度高
欧阳芳[103]	2020	物流业高效的商业平台，便捷的流通格局，完善的服务体系，协同的商流、物流、资金流、信息流关系以及不断完善升级的物流生态系统
林双娇和王健[58]	2021	物流业高质量发展是物流产业发展水平的高级程度，综合表现为做强做大的物流产业
孟勐珺等[104]	2022	物流业高质量发展是从时间和空间维度提升物流的效用、质量、效率，从而达到服务经济、满足需求的目的
王东和陈胜利[60]	2022	物流业高质量发展包含产业本身发展质量高及高质量满足经济需求
梁育民和田思苗[62]	2023	物流业发展质量是满足经济和市场需求在成本、环境影响和效率的体现

通过梳理和总结国内学者对物流业高质量发展的内涵可以发现，物流业发展质量提升是物流业高质量发展的实现过程。目前对物流业高质量发展的内涵判断和阐释较多，但并未达成统一认识，但基本判定物流业高质量发展是为满足经济高质量发展新要求，对物流业在结构、效率、效益等方面的产业延伸。物流业发展质量可大致分为两类。一类认为基于投入产出的物流业效率可作为物流业发展质量，另一类认为物流业发展质量包含了效率、满足经济需求等其他指标。

借鉴狭义和广义经济发展质量的概念界定[91,92,105]，本书认为物流业发展质量概念源于物流业高质量发展的内在要求，是基于经济高质量发展和物流业高质量发展内涵要求和阶段研判，在资源环境约束、技术创新驱动等多种现实条件下，对物流业从数量增长向质量转变的整体发展情况测度。狭义物流业发展质量是物流业生产系统内部的投入产出运行情况，即物流业效率；广义物流业发展质量是在物流业供给需求、设施设备、运行网络等多方面的综合发展情况。

2.1.3　物流业生态效率

生态效率（eco-efficiency）概念由德国学者史蒂芬·沙尔特格[106]首次提出，由于生态效率概念兼顾了经济效率、资源利用效率和环境效率，目前被越来越多的国内外学者认为是经济与环境协调发展的合适测度，已在区域发展和农业、钢铁、旅游、交通运输、能源等[34,35,107-109]行业被广泛应用。例如，陈等[110]和崔等[111]运用 Super SBM 模型分别对海洋生态效率和经合组织的 38 个成员国的绿色生态效率进行测算。

周叶[112]提出物流业生态效率概念，认为物流业生态效率反映了物流业投入（资源投入、能源消耗）与产出（经济产出及环境产出）的比值，可作为衡量物流产业经济效益和环境效益的有效工具，并以 CO_2 和 SO_2 为环境投入，对 2006~2011 年中国 23 个省域物流行业的生态效率进行评价；龙[23]和郭金勇[113]以 CO_2 为非期望产出，测度分析了长江经济带 11 个省份物流生态效率。

本书参考其他产业及物流业生态效率概念，认为物流业生态效率反映了其投入（固定资产投资、劳动力投入、能源消耗）与期望产出（物流业增加值、货运周转量）和非期望产出（CO_2、SO_2、NO_X、PM 颗粒物）的比值[19]，可作为衡量物流产业经济效益和环境效益的有效工具，是在资源环境约束下的物流业效率，可作为狭义视角资源环境约束下物流业发展质量的代理变量。

2.1.4　资源环境约束

研究资源环境约束下物流业发展质量，有必要明确资源环境约束的概念。著名经济学家萨缪尔森认为从经济领域和自然界领域来看，自然资源和环境资源具有不同的属性和作用；在人类的生产活动中，自然资源作为生产要素直接参与财富创造，而环境资源间接参与财富创造[114]。200多年的工业革命创造了巨大生产力，人类创造了比之前几千年总和还要多的巨额社会财富，社会面貌发生了翻天覆地的变化，但同时人类对矿产、化石能源等地球资源的开采和消耗也到了前所未有的速度。几十亿年间地球积累的化石能源在近200年内被大量消耗，造成了全球温度升高、地球南北极历史性融化等事件，资源环境与财富创造之间存在矛盾的证据每天都在增加。环境污染对人类社会活动的影响受到了广泛关注。《寂静的春天》深刻抨击了化学工业对环境造成的严重危害，《增长的极限》让越来越多的人意识到高消耗、高污染的增长模式不可长久。

综上分析，资源和环境要素成为制约经济增长的瓶颈[115]。本书中资源环境约束是指在与物流业相关的经济社会活动中，由于能源等自然资源的有限性和稀缺性，导致资源供给数量、种类、价格等限制物流业资源需求；由于物流业运营过程中环境污染物的产生，而导致自然环境状态发生变化和环境规制政策趋紧，而对物流经济增长产生的约束。

2.2 相关理论

2.2.1 可持续发展理论

《我们共同的未来》首次正式提出可持续发展概念。可持续发展被认为是既满足当代人需要，又不危害后代人需要的发展。2002年，世界可持续发展首脑会议指出可持续发展不仅是环境可持续，还应注重环境、社会、经济的可持续发展方式，公平性、持续性、共同性是可持续发展的三大原则。可持续发展反映了动力、质量、公平的有机统一，体现了速度、数量、质量的绿色发展方向[116]，在不同学科方向上有着不同的理论内涵。

物流业和可持续发展具有高度的融合性，可持续发展体现在当代商品的运输、配送等活动要满足当代人的物流需求，而又不至于影响下一代人的物流需求。从经济、社会、环境的系统角度看待物流业的发展问题，在尽可能节约资源和减少环境污染物排放的前提下，实现物流业对经济和社会的先导、支撑、基础作用[117]。可持续发展理论下的物流业发展目标体现在以下几个方面：第一是促进物流业发展的公平性，物流业的发展应该考虑到物流市场的供应方和需求方，促进供需的市场公平和国际公平；第二是提高人们对物流业发展的认识，物流业作为服务生产和生活的重要服务业，不能由于油类能源的大量消耗，空气污染、社会噪声和交通事故等，"一刀切"地实行物流车辆限行等措施限制其发展；第三是物流业要高效率、高质量地提供物流服务，满足物流需求。

以"生态优先绿色发展"为导向的高质量发展，是对持续发展理论的又一次生动实践。可持续发展注重资源节约和环境保护，这与社会经济高质量发展不应是对立的，应在资源环境约束的条件下实现物流业高质量发展。物流业高质量发展要遵循可持续发展理论中经济、社会、环境的系统协同统一原则，在物流业供给和需求上实现可持续性，促进物流业长期稳定、健康有序地发展。可持续发展理论是研究资源环境约束下物流业发展质量问题的基础。

2.2.2　物流高级化发展理论

董千里教授[118]最早在《高级物流学》中提出物流高级化发展理论，认为物流价值是物流高级化的追求目标和实现价值链增值的关键。物流高级化是物流业从初级要素分散向资源要素整合的更高级阶段发展过程，体现的是物流专业化、信息化、网络化、集成化的发展规律和趋势，是物流业的产业升级过程。

物流高级化理论强调物流价值，并从宏观上的物流战略价值及微观上的物流集成、时间、空间、增值服务、环境等方面阐述了物流业的价值。宏观上，物流战略能带来涉及全局、长远和根本性利益，体现了对国家、区域、产业的战略价值，它能带动和支撑国民经济的运行，对关联的上下游产业具有拉动作用，对所联结到的电子商务、连锁业等产业形态有推动作用。微观上，通过物流系统集成运作，可以消除物流标准、经济管理体制等不合理因素，物流可以带来资源整合的集成价值。物流业通过运输、仓储、配送、流通加工等基本作业活动创造时间、空间、增值服务价值，通过系统规划设计，改善分散混乱的货运交通，减少交通阻塞及运输损失，降低污染。董千里和董展[119]在《物流高级化的低碳物流运作理论与策略研究》一文中指出，物流高级化的节能原理是提高效率原理，物流高级化从系统优化、资源整合、功能集成角度探讨物流活动通过信息平台、配载积载优化、运输线路优化等提高效率，降低单位物流量的能源消耗量，从而降低碳排放量。结合我国物流业发展历程，董千里[87]在《改革开放40年我国物流业高级化发展理论与实践》中指出，改革开放40年的经济发展基础促进了物流业高级化发展的内因，与适应市场外因相互作用，物流业由单一"点""线"零散运作转变为"网""链"集成运作，由资源型、功能型物流服务转变为集成一体化服务，这正是物流高级化理论的实践过程。

物流的服务业本质拓展了其从物流链到供应链、产业链、价值链的网络创新升级，确定了物流业高质量发展要从系统优化、资源整合、功能集成、价值增值角度，通过提高物流业运作效率、降低单位物流量的能源消耗量，从而降低 CO_2、SO_2、NO_X、$PM_{2.5}$、PM_{10} 等污染物排放量。物流业高级化发展理论是结合中国物流业发展历程从实践中提取和升华的理论，提供了认识物流业高质量发展性质的理论途径，是探究资源环境约束下物流业发展质量内涵的重要基础。

2.2.3　集成场理论

董千里教授[120]在《物流集成理论和实现机制》中提出集成场理论，认为物流集成既包括产业内部的若干物流活动、过程按照目标整合的内部集成，还包括与其他外部产业联系的外部集成。在物理磁场等场论基础上，董千里教授提出基核、联接键、合成场元等是集成场的核心范畴，并将其应用于国际陆港[121]、两业联动[122]、"一带一路"产能合作[123]等相关研究。

随着集成场的集成体、基核、联接键三维坐标形成、运作和协同发展，中国物流业高级化发展在这三维合成场元中实现集成优化和场线绩效。董千里[122]指出，由龙头企业作为集成体主导的基核和联接键形成的物流链，由多个实体合作形成的供应链、产业链等都称为微观网链结构，这一稳定的结构是市场竞争的基础；而公共型物流枢纽（陆港、海港、空港、物流园区等）和通道，大多是由政府规划建设的，构成了宏观网络，成为区域物流、国际物流选择与对接的条件。董千里[123]指出网络是集成体主导链条选择路径的条件，也是链条式运作的过程，面向市场的物流业组织化正是通过物流资源、功能和系统集成的物流链等网链实现的。董千里[87]指出，40 年来我国物流业专业化、信息化、网络化和集成化有了很大发展，但其在组织化发展程度、价值链增值方面还比较低。有人认为小散弱是物流业特点，其实小散弱正是物流业高质量发展亟待改变、实现价值链增值的一个重要方面。

由于物流的服务业性质特征，其通过两业联动、产业联动等的网链结构实现物流业组织化发展的基本形式，形成互动式产业升级的高质量协同发展模式，促进物流业高质量发展。为适应中国经济高质量发展要求，董千里[88]对改革开放 40 多年来中国物流业高级化进程的理论进一步升级，提出集成场视角物流业高级化进程的高质量发展机制，指出中国物流业高质量发展是受微观经济动能和宏观经济势能相互影响的网链结构体系，是物流业高级化发展的基础。集成场理论梳理物流业集成发展过程，利用集成场主动优化、结构创新、对称平衡、供需互动和效率经济五个原理，抓住物流业高质量发展的关键合成场元及关系进行研究，探讨物流业高质量发展机理及实现方式。

2.3 资源环境约束下物流业发展的 PSVR 模型

"压力（pressure）—状态（state）—响应（response）"（PSR）模型最初由加拿大学者拉波特提出。在 20 世纪 90 年代，联合国环境规划署将其用于研究资源环境问题，后成为环境领域研究的重要方法之一。这一模型表示人类活动从自然界开采和消费能源等自然资源，对自然界造成了消极影响（压力），改变了自然环境质量（状态），而自然环境的消极状态影响了人类生存环境和空间，人类为了消除环境质量的退化，通过各种经济社会的管理决策对自然环境状态作出响应。该模型基于因果逻辑关系，揭示了发生了什么、为什么发生及如何应对所发生的状况，反映了人类活动和自然环境相互依赖、相互制约的关系。PSR 模型源于自然生态环境系统与社会经济系统之间的压力—状态—响应关系，可从系统角度全面深入地分析自然生态环境系统变化所面临的压力、当前发展的状态以及所采取的对应措施，并追踪系统所处的因果关系和作用机理。

目前已有相关学者在 PSR 模型基础上，结合实际研究情景拓展相应模型。例如，管文阁等[124]综合考虑影响高原城市水源地的经济和资源等因素，构建基于 DPSIRM（驱动力—压力—状态—影响—响应—管理）模型的水源地脆弱性评价指标体系。本书以 PSR 模型框架为基础，结合物流高级化发展理论中的价值机制，从压力—状态—价值—响应四个子系统构建 PSVR 模型，阐释发生了什么、为什么发生、应对价值如何及如何应对发生的状况的理论模型。

2.3.1　资源环境约束下物流业发展压力分析

物流业作为国民经济发展的基础性、战略性和先导性产业，其资源环境约束下发展的压力来源于不同层面。

（1）物流经济压力分析。从经济角度看，物流业连接着企业生产和居民消费，其运行情况和活跃水平直接关系到产业链、供应链的安全稳定，与经济社会发展形势密切相关[19]。作为生产性服务业，它的影响力要超过一般服务性行业。物流是经济循环的"血液"，经济的增长每时每刻离不开物流业的运转。物流业从农业、工业的专业化分工中剥离出来，综合了运输业、仓储业、信息业等多种产业，专门为工业和农业等提供一体化集成化服务，物流业增加值的多少体现了经济发展压力的规模和速度，这种压力最直接的体现就是人均物流业增加值。

（2）物流业供给压力分析。从物流业供给侧来看，物流业供给压力来源于物流业对基础设施和机械设备、通信设备的需求，这种压力是必需的，对物流业发展至关重要。一方面，物流业属于基础性行业，加快铁路、公路、航道等交通基础设施投资，强化路基和电气化改造，加密水陆运输网络，是形成速度快、容量大、安全性高的运输通道，满足重载货运和日益增长货运量的必然要求。另一方面，货运场站、物流园区、港口等物流网络节点建设，各类重载货车和铁路机车的增加，是满足货运周转、集疏、分拨、配送活动的必然要求。物流业铁路、公路、货运网点等基础设施建设以及物流车辆设备的制造与消费，也带动了路桥建筑业、装备制造业等的发展，造成了对土地资源、地下矿产和能源的开发和利用，对自然环境造成了一定的压力。人均民用货车拥有量、邮政业网点密度和运输线路密度可用来表征资源环境约束下物流业的供给压力。

（3）物流业需求压力分析。从物流业需求侧来看，物流需求来源于社会经济发展，社会经济持续健康发展是物流业持续健康发展的前提。分工和专业化使得生产与消费、供给与需求在经济主体和地理范围上分离。工业产品的产业链在全国及全球范围内布局，生产和消费在地理上出现分离，企业生产所需要的上游企业的零部件生产在更大范围的空间地理范围分布，人民日常消费所需的最终工业品生产来自更大的地理空间范围。为了连接这种分离，物流业作为解决实体流动的产业应运而生，并承担着越来越多的"连接"任务。

货运周转量增长率直接体现了物流业连接生产与消费的频次与距离，最能体现经济对物流业的需求活跃度。而社会消费方式的转变也影响着物流业的运行模式。随着我国电子商务蓬勃发展，其关联产业的发展呈现"井喷式"增长态势。快递物流是将线上交易的虚拟商流转为线下实体物品流动的核心活动，是电子商务供应链条的重要环节，起到将电子商务贸易方式进行线上线下连接的桥梁作用。快递满足人们日常生活线上购物方式的物流需求，人均快递量直接体现了物流业的生活需求压力。

2.3.2 资源环境约束下物流业发展状态分析

资源环境约束下物流业发展状态是在压力作用下物流业呈现出的对自然环境影响的状态。随着物流业经济增长驱动及产业供求规模的扩张，物流业发展呈现出高消耗、高污染、高排放特点，且面临着严峻的事故安全挑战。

（1）物流业资源状态分析。一方面，物流业是能源消耗大户，典型的重资产和劳动密集型产业。物流服务贯穿于社会经济的各个领域，港口、配送中心、运输车辆等每日都在消耗大量能源。国家统计局数据显示，大约中国47%的汽油、72%的柴油和90%的燃油被物流业所消耗，物流业总能源消耗量占全社会总能耗的25%以上[125]。另一方面，物流业是重资产产业。物流资产一般常见于仓库、物流通道等物流设施的建设，运输车辆、物流设备的购置，或者是信息平台等无形资产投资。物流业设施设备投资回收期较于其他餐饮、商贸、金融等服务行业明显偏长，不仅在前期需要投入大量资金，在其运营期间也需要大量的检测、维护、保养等费用。

另外，物流业在当前甚至未来一段时间是劳动密集型产业。随着人口老龄化加剧，传统物流业作为低端劳动密集型产业，入职门槛低、工作环境差和薪酬回报低等问题日益凸显。随之而来的是无人车、无人机、自动分拣技术的盛行，智慧化成为物流业应对人口老龄化的法宝。但应该看到，智慧物流取代的是传统物流业所需要的装卸搬运及分拣等作业人员，在智慧物流的普及还没有达到较高比例时，仍然需要投入较多人力，尤其对高新技术人才和青年人才需求巨大。这一点从快递企业招聘快递员的数量和要求上就可见一斑。因此，物流业在发展压力下，能源消耗、资产投资、人力资源投入是其在维护行业健康持续运行时必须面对的资源状态。

（2）物流业环境状态分析。为保障物流设施设备的动力需要，物流业在提供运输、仓储等服务中，一方面，消耗油类等能源，从而产生大量 CO_2 等温室气体，加剧了气候变暖和生态环境恶化。另一方面，物流业消耗的汽油、煤油和燃料油在燃烧过程中排放出的 SO_2、NO_x、PM 颗粒物等环境污染物是大气污染防治监测和治理的重要对象。环保部门对重载货运车辆的尾气进行检测发现，其排放的污染物数量与大气污染情况直接相关。北京市大气污染防治研究结果表明，北京市大气污染物中约 39% 的一氧化碳、74.8% 的碳氢化物及 46% 的氮氧化合物来源于运输工具的尾气[126]。而在发挥物流业运输规模效应的驱动下，物流运输车辆呈现大型化和超大型化趋势，车辆所需动力更为强劲，尾气排放量也是小型货车和一般客运车辆的多倍。这些污染物的排放导致大气环境被污染，引发人类肺部等呼吸系统疾病，危害人们的身体健康和生命安全。

环境污染物与 CO_2 等温室气体的排放具有高度的同源、同根、同过程和同时空特征，这意味着减少环境污染物和降低温室气体排放具有指向一致的控制对象。这也就要求物流业在运行过程中，不仅要控制能源消耗总量，还要调整能源消费结构。在环境状态上，物流业运营过程中产生的 SO_2、NO_x、PM 颗粒物等环境污染物和 CO_2 等温室气体排放量是其对自然环境影响程度的真实体现。

（3）物流业社会状态分析。由于物流活动中运输和仓储不当引发的特别重大的火灾爆炸等事故也对社会造成了极大危害。2015 年发生的天津港瑞海公司危险品仓库爆炸事故和 2019 年发生的上海鑫德物流公司火灾等都对社会造成了重大影响。由于物流仓储场地建筑面积一般较大，存储货物和工作人员密度较高，事故发生的危险性和扑救难度较大。

此外，大型及超大型的物流货运车辆、货运超载超限对安全行车造成了极大危害，诱发了大量的安全故事。据统计，70% 的道路交通事故与车辆超载超限运输相关，半数以上群死群伤重大交通事故直接由货运车辆超载超限运输造成。因此，物流业事故发生数可体现资源环境约束下物流业对社会影响的程度。

2.3.3 资源环境约束下物流业发展价值分析

物流高级化发展理论强调物流业价值是物流业不断发展追求的目标。资源环境约束下物流业发展价值是在发展压力下分析物流业发展状态,对物流业是否有进一步发展的价值判断。具体来说,物流业发展价值需要从物流业对经济增长和社会民生的正向贡献及对环境保护负向贡献的情况来看。如果负向贡献高于正向贡献,意味着物流业发展的环境负向价值高于对经济增长和社会民生的正向价值,物流业的发展价值是负向的,而如果正向贡献高于负向贡献,意味着物流业的发展价值是正向的,应进一步提升物流业发展水平。

(1)物流业经济价值分析。从经济价值看,物流业是国民经济发展的重要组成部分,对国民经济的拉动作用越来越明显。物流业发展为第一产业的规模化生产提供条件,完善的物流网络体系和高效的流通效率是现代化农业与农村经济持续健康发展的重要保障[127]。例如,通过规模化专业化的冷藏存储延长农产品销售时间,通过分级分拣、包装、流通加工等环节提高农产品销售价格,通过冷链运输等环节延伸农产品的销售范围,进而延伸产业链条,增加产业价值。

物流业是推动第二产业发展的主要动力之一,直接影响制造业的效益提升、市场发展和价值实现[128]。物流业是随着社会专业化分工从制造业中剥离形成的专门产业,两者的关联性和融合性最为紧密,存在着长期均衡关系,尤其对钢铁、石化、轻工业及设备制造等工业有更为显著的正向影响。物流业发展为工业生产经营活动的协同性和连续性提供保障,提高生产企业的供应、生产和销售效率,并通过供应链一体化、系统化运作实现物流成本的降低,进而提高运营绩效。

从第三产业看,一方面,物流业本身属于第三产业,物流业发展可优化产业结构;另一方面,物流业是信息技术和新型组织理念的组织管理创新[129],物流业的专业化发展促进了服务业的专业化物流需求,促进了电子商务等蓬勃发展。例如,"外卖平台+即时物流""预制菜+冷链存储""中央厨房+冷热链配送"模式等使得传统餐饮业的运营模式发生巨大变化,提高了餐饮业运营效率,降低了运行成本。总体来说,物流业对第三产业的贡献关联度小于第一和第二产业,但对第三产业发展仍具有较大的贡献作用。

（2）物流业环境价值分析。一个国家和地区的物流业能源消耗、碳及污染物排放量占据该地区总能源消耗量、碳及污染物排放量的比例是物流业对资源环境影响程度的具体体现。物流业作为高能源消耗、高污染物排放产业，在减少温室气体及环境污染物排放上的潜力有待进一步挖掘。

随着物流业规模逐年扩大，物流业的能源消耗量也在逐年大增。物流业能源消耗对环境造成的危害不仅由能源消费结构决定，更取决于能源消耗总量。物流业 CO_2 排放比例受能源种类、能源价格、能源结构、产业结构、产业运作环境等共同影响。某个地区偏向于煤炭等一次能源消费，工业尤其是重工业发达，将会导致其在能源消耗总量相同的条件下产生更多的 CO_2。某个地区 SO_2 排放受到脱硫治理效能的影响。物流业 SO_2 排放大多来源于油品类和煤炭消耗，主要受到能源结构、物流规模、运输结构的影响。公路运输和航空运输中由于耗油量较大，SO_2 排放量也多，而铁路与管道运输 SO_2 排放量较少[130]。

以汽油和柴油为动力来源的车辆，其尾气中 NO_x 浓度较高，在非采暖季，一半左右的 NO_x 来源于此。NO_x 可作用于人类肺部，是降低大气能见度的光化学烟雾主要生成原因，是继 SO_2 实现总量控制的头号污染物。某个地区 NO_x 排放量受到产业结构、能源结构、经济规模的影响。另外，$PM_{2.5}$ 进入人体的呼吸循环系统，损害肺部、心脏和大脑，而 PM_{10} 则可对人体眼睛、鼻子和喉咙造成影响。$PM_{2.5}$ 和 PM_{10} 是受到环境监管的空气污染物，主要来源于运输车辆、居民烹饪油烟、森林火灾等，受到产业结构、能源结构、环境规制强度、气象条件等影响。建筑业扬尘污染治理情况、煤炭消费量、污染排放税费征收，交通运输业限行管理、公共交通的建设、尾气排放标准与 PM 颗粒物排放总量直接相关[126]。

（3）物流业社会价值分析。在社会层面，物流业人才需求呈现多层次多元化趋势，向社会提供了更多就业岗位，在稳定就业上具有积极作用。某地区的就业人数除了受到该地区经济发展水平、产业结构、固定资产投资、消费水平等经济因素影响，还受到政府政策、社会文化、人口老龄化等因素影响。在经济因素中，消费水平对某地区就业人数影响远高于固定资产投资影响。

在产业结构中，第一产业的劳动生产率偏低，第一产业就业人员比重高于其产值比重，这在我国中西部地区尤其明显。第二产业和第三产业产值偏高，但就业吸纳能力有限[131]。物流业作为服务生产和生活的复合型业，就业人员数量大，就业吸纳面宽。物流产业规模扩大、产业链延伸将创造更多的就业岗位，吸纳就业人口，而物流技术升级改变了就业层次结构，可能减少就业人口总体数量。总体上说，物流业就业人数占该地区就业人数的比例反映了物流业的社会价值，是物流业对该地区的正向贡献。

2.3.4 资源环境约束下物流业发展响应分析

资源环境约束下物流业发展响应是在发展压力下考虑当前物流业发展状态及发展价值，针对物流业健康持续发展需求而作出的行为反应和发展导向改变。具体来说，物流业发展响应从物流业内部应对资源环境约束所采取的措施、产业发展的高级化程度、物流业发展导向等方面体现出来。

在污染物控制方面，物流业通过技术应用和组织管理创新加快技术创新和产业高级化进程，提高能源利用效率。物流业能源消耗量与能源结构、运输结构直接相关[132]。电力能源作为二次清洁能源，正成为新能源的主流能源。虽然我国煤炭发电占据主导地位，电能并非真正的清洁能源，但通过对发电厂进行统一的技术升级、污染物排放治理监管，可有效提升"黑电"的清洁度[19]。另外，物流业电力能源的应用比例也是一个地区环境规制强度的体现。在环境规制强度高的地区，电力能源的应用会更广泛。

从运输结构上说，铁路、公路、水路、航空等运输方式的选择也决定了物流的效率和能源消耗类型。水路运输和航空运输在承载货物运输时需要具备一定的内河通航条件和飞机起降等条件。公路运输和铁路运输是当前我国最普遍的物流运输方式，但在当前运输结构中，公路运输承担了大部分长距离和大规模的运输任务，铁路运输的清洁作用没有得到发挥。降低公路货运比重提高铁路运输比重对物流业节能减排的效果是最明显的。因此，本书将清洁能源使用比例和铁路货运量占比作为物流业资源环境约束下的响应指标。

在产业进步方面，物流专业化将仓储、运输等单向服务通过系统化、组织化手段集成起来，减少迂回重复运输、空载运输等，从而减少物流业能源消耗，降低污染物排放，并达到降低成本、提高运作效率的目的[133]。物流集聚是物流业在某个区域内依托交通区位、经济政策环境的优势集成集聚各项物流活动，提高物流业的运作效率，从而降低能源消耗和运作成本。某个地区物流业集聚度与制造业等发达程度高度相关，不同地区物流业集聚度有显著差异，且存在空间相关性[134]。

在效率导向上，物流生产效率相较于物流发展规模、发展水平更能评价物流业发展的响应情况。物流对于经济的贡献作用、节约资源能源消耗、减少污染物排放的潜力挖掘与物流生产效率密切相关[135]。

2.4　资源环境约束下物流业发展质量提升因素

提升资源环境约束下物流业发展质量，实现物流业高质量发展，其前提是识别影响物流业发展质量的提升因素。

从物流业发展内部讲，物流传统的要素投入发展方式难以为继，因为其面临着结构性物流能力过剩、制度性成本偏高，基础设施存在短板、绿色转型发展等障碍[94]。从系统外部因素讲，物流业高质量发展是受到多方面因素影响的不断演化的动态过程[136]。影响资源环境约束下物流业发展质量提升的因素众多，为避免影响因素遗漏，本书梳理现有文献中物流业发展质量提升的影响因素，并从各文献研究结果中选取对物流业发展质量影响较大的因素。

（1）相关文献梳理。目前直接研究资源环境约束下物流业发展质量提升的影响因素的文献较少,但在与之密切相关的物流业发展绩效、绿色和低碳发展的影响因素较多,这为识别影响资源环境约束下中国物流业发展质量提升的相关因素提供了重要参考。本书梳理相关文献中影响物流业发展质量提升的因素如表 2.3 所示。

表 2.3　资源环境约束下物流业发展质量提升的影响因素文献归纳

被解释变量	作者	主要影响因素
物流业绿色绩效	Zaman and Shamsuddin[11]	工业增加值、外国直接投资
物流业发展质量	李娟和王琴梅[53]	经济发展、产业结构、技术创新、城镇化、对外开放
物流业碳绩效	Yang et al.[27]	经济因素(人均 GDP)、能源强度(单位物流业产值能源消耗量)、城镇化水平(城镇居民占常住人口比例)、资源禀赋(固定资产投资除就业人数)、技术进步(研发支出情况)、能源强度(物流业总能耗与客货运周转量比值)
物流业发展质量	曹允春等[52]	经济要素(经济发展水平)、创新要素(人均专利申请授权量)、政府干预要素(物流业财政支出占总支出比重)、开放要素(外贸总额占 GDP 比重)、绿色环保要素(环境保护支出占地区财政支出的比重)
物流业生态效率	Long et al.[23]	产业结构(第二产业占 GDP 比例)、政府重视程度(公共财政支出占 GDP 比重)、外商直接投资(物流进出口贸易总额占 GDP 的比重)、经济发展水平(人均 GDP)、人力资本(平均受教育年限的人数)、环境规制(工业污染总投资占 GDP 比重)
物流业发展质量	蹇令香等[57]	技术创新
物流业高质量发展水平	林双娇和王健[58]	经济发展水平(人均 GDP)、人力资本(平均受教育年限)、研发投入强度(各地区研发支出占 GDP 比重)、基础设施完善程度(每平方千米公路和铁路里程之和)、对外开放程度(进出口总额占 GDP 比重)
物流业发展质量	赖靓荣等[59]	经济发展水平(人均生产总值)、人力资本(每万人高校在校生人数)、城镇化(城镇人口占常住人口比例)、产业结构(第三产业/第二产业增加值)

从文献梳理中可以看出，在与资源环境约束下物流业发展质量相关的物流业绿色效率、生态效率、发展质量、碳排放绩效、能源效率等影响因素选择中，并没有统一的标准，不同学者结合自身理解进行筛选。影响因素大致分为包括经济发展水平、产业结构、居民消费水平、产业增加值等经济因素，能源强度、能源结构、环境规制等环境能源因素，以及科技水平、对外开放、城镇化水平、研发投入、政府干预、资源禀赋等社会因素。资源环境约束下物流业发展质量是在影响物流业发展和物流业发展面临的资源环境约束等各类因素的综合作用下呈现的结果，本书着重从经济因素中的经济发展水平、产业结构，资源环境因素中的环境规制强度、能源结构、能源强度，社会因素中的城镇化水平、技术创新水平和对外开放水平来设定物流业发展质量提升的影响因素。

（2）提升因素影响作用分析。资源环境约束下物流业发展质量提升受到了多方面因素的影响，各因素之间存在复杂的传导作用机理。本书结合物流业相关文献，识别影响资源环境约束下物流业发展质量提升的经济、环境能源和社会因素。其中，经济因素包含经济发展水平、产业结构，环境能源因素包含环境规制、能源结构、能源强度，社会因素包含城镇化水平、技术创新水平和对外开放水平。以广义视角资源环境约束下物流业发展质量的 PSVR 模型为例，各提升因素影响物流业发展质量的作用分析框架如图 2.1 所示。

①经济发展水平。物流业是服务生活和生产的服务业[19]，具有引致需求的特点，经济发展为物流业发展提供需求基础，较高的经济发展水平会带动生产和消费，促进物流业形成需求效应和规模效应[52]。另外，经济水平提升的过程也往往伴随着技术进步和产业结构优化[53]，为物流业发展提供节能减排技术和资金保障。因此，经济发展水平通过影响资源环境约束下物流业发展的经济压力、供给压力和需求压力，资源、环境和社会状态，及其经济价值来影响物流业发展质量。

②产业结构。农业、工业和服务业等各产业构成及相互联系不同，对物流业需求总量和需求结构也有所差异。产业之间的纵横向关联及其与物流业

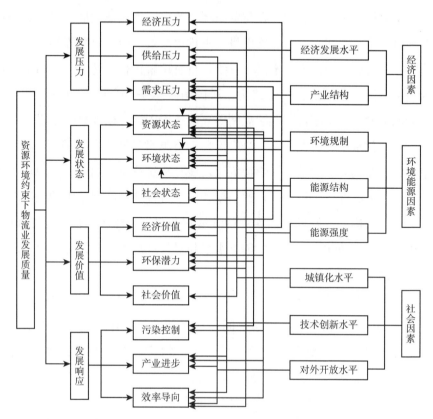

图2.1 各提升因素对资源环境约束下物流业发展质量的影响分析（以广义视角为例）

的协同联动创新推进第三产业的发展，从而转变经济的增长方式[137]，决定资源消耗的类型和污染物排放的总量特征[23]。在目前中国的现实情况下，物流业发展主要依靠工业品的流通，第二产业消耗大量资源和能源产生经济效益，而第三产业则对资源和能源的需求小得多，产业结构变动对物流供给和需求、物流业增加值均有显著影响[138]。因此，产业结构通过影响物流需求压力、资源和环境状态及物流业对不同产业的价值来影响物流业发展质量。

③环境规制。环境规制强度体现了某一地区对于节能减排的要求高低。根据波特假说，适当的环境规制将促进政府和企业注重节能减排方面的技术创新，而技术创新将引发"创新补偿"效应，实现环境保护和生产效率的双

赢[20,109]。环境规制要求物流企业提高物流设施设备的能耗标准，加快设施设备更新换代速度，并导致设备购置和排污税费、环境保护投资的增加。环境的公共物品属性决定了环境保护和生态治理应纳入政府规制的范畴[46]。因此，环境规制通过影响资源环境约束下的物流业资源和环境状态、环保潜力价值，以及响应中的污染控制、产业进步、发展导向来影响物流业发展质量。

④能源结构。在中国"富煤，少油，少气"的能源情况下，中国的能源结构以煤炭为主，以雾霾治理为代表的环境治理很大程度上取决于清洁能源对煤炭的代替[139]。电力能源被认为是清洁能源，有黑电和绿电之分，但以煤炭为发电基础的黑电生产仍然对环境产生间接的影响[19]。不可否认的是，黑电可通过集中监管电厂煤炭利用，集中治理其对环境的影响。在物流业能源消耗中，电力能源作为新能源的代表被大力推广，以能源价格调控、新能源补贴等形式影响物流业能源类型的选择[140]。因此，地区能源结构通过影响资源环境约束下的物流业资源和环境状态、环保潜力价值，以及响应中的污染控制来影响物流业发展质量。

⑤能源强度。能源是促进当前经济增长的重要动力，降低能源强度是摆脱能源依赖、实现能源与经济脱钩的生态要求[141]。供应链高度依赖化石燃料的能源效率，物流业的快速发展是建立在过去一段时间能源廉价且充足的基础之上[142]。能源利用效率越高，则能源强度越低[5]。降低能源强度可促使物流业中技术、人才、资本的替代投入，有利于多式联运、共同配送等物流运行组织方式的推广。因此，地区能源强度通过影响资源环境约束下的物流业经济压力、环保潜力价值以及响应中的产业进步和效率发展导向来影响物流业发展质量。

⑥城镇化水平。城镇化是农村人口转化为城镇人口的过程，也是以农业为主的乡村社会向以工业和服务业为主的现代城市社会转变的过程[143]，是衡量一个地区人口素质和居民消费水平的重要指标。城镇化使得大量人口集中在城市，人们对环境改善的期望会更高，进而促进政府和物流企业采取环境保护措施。一方面，物流业是劳动密集型产业，城镇化水平的提高使得大

量农村人口进入城市，为物流业提供丰富的人力资源[19]；另一方面，城镇化拉大了城市的框架，促使物流运输和配送等物流设施的建设，并使得城市物流运营网络更加复杂[132]。因此，城镇化水平通过影响资源环境约束下物流业发展的供给和需求压力、社会状态及社会价值来影响物流业发展质量。

⑦技术创新水平。先进的技术创新改变了企业的生产方式和人们的生活方式[132]，进而提升资源的利用效率和产业运营效率，减少经济发展对环境的污染。在信息技术向智能技术过渡以及"互联网+高效物流"的转变形势下，物流业正不断依托先进的技术创新实现组织方式和业务流程的优化[22]。在装卸搬运等活动中应用的技术创新对物流业发展质量均有显著的正向作用。物联网、区块链等在物流运营活动中的应用，从根本上使得分散、不系统的物流资源完成了高效集成，实现了物流业的降本增效。因此，技术创新水平通过影响资源环境约束下物流业发展的资源和环境状态、响应中的产业进步和效率发展导向来影响物流业发展质量。

⑧对外开放水平。对外开放提供了同国际先进物流企业沟通和交流的机会，可有效加快国外先进物流技术和节能减排设施设备的引入，加速国内物流业融入全球供应链体系[144]。对外开放可加快贸易交流，扩大物流市场，促使物流基础设施质量提升，进而发挥物流技术溢出效应和规模效应[145]。根据"污染避难所假说"[146]，对外开放也会加速物流外资企业通过并购等方式进入国内市场，增加物流市场的经济规模，使得物流业设施设备投资增加，资源能源消耗量增加，由此带来资源环境影响。另外，对外开放进入生产领域，使得生产领域规模扩大，并由于产业关联性而扩大该产业对物流业的需求[147]。因此，对外开放水平通过影响资源环境约束下物流业发展的供给和需求压力、资源和环境状态、经济价值及响应中的产业进步和效率发展导向来影响物流业发展质量。

2.5　本章小结

本章首先对狭义和广义物流业发展质量等概念进行了界定；其次，分析物流高级化发展理论、集成场理论等在物流业发展中的应用；再次，结合环境 PSR 模型和物流高级化理论中的价值机制构建广义视角资源环境约束下物流业发展质量的 PSVR 模型；最后，识别影响资源环境约束下物流业发展质量提升的因素，并以广义视角为例，分析各提升因素对资源环境约束下物流业发展质量的影响作用机理，为后续研究奠定基础。

第 3 章

中国物流业能源消耗、碳及污染物排放测算分析

　　厘清物流业发展面临的资源环境约束现状，是研究资源环境约束下物流业发展质量的前提。为了将资源环境各要素合理纳入物流业发展质量测度体系中，有必要找出中国物流业能源消耗、碳及污染物排放水平到底如何、其在时间和空间上呈现何种特征、其与经济增长之间的关系如何等问题的答案。基于此，本章在物流业资源环境影响问卷调查的基础上，分别对物流业能源消耗量，CO_2、SO_2、NO_X、$PM_{2.5}$、PM_{10} 排放量及其强度做了测算和分析，并运用协整方程和面板 Granger 因果检验方法探讨了物流业发展与能源消耗、碳及污染物之间的关系。本章拟为从狭义和广义视角进行物流业发展质量测度做好铺垫。

3.1　物流业资源环境影响调查

　　为了分析物流业资源消耗和环境影响现状，本书制作调研问卷，并将其通过微信链接推送和纸质邮寄方式在物流和环境的政府部门、行业协会、专家学者间发放。问卷共发放 95 份，回收 86 份，剔除无效问卷 5 份，有效回

收 81 份。以各指标被选中的问卷与有效问卷数量比例计算各指标选定百分比，并将 50% 作为门槛值选定指标，以 "√" 标注。各指标及指标选定情况详见表 3.1。

表 3.1　　　　　　　　　　　物流业资源环境影响问卷情况

问题类型	问卷指标	指标含义	指标被选定百分比（%）	指标选定情况
物流业发展投入	固定资产总额	物流业固定资产存量	64.2	√
	货运车辆数	公路、铁路等货运车辆总数	42.0	
	能源消耗量	物流业各类终端能源消费量	84.1	√
	网络里程	公路、铁路、水路等里程加总	22.2	
	土地	物流仓储用地面积	37.3	
	科技研发经费	物流业科技研发经费投入	19.8	
	劳动力	物流业从业人数	66.7	√
物流业发展成果	货物周转量	公路、铁路等运输方式货物周转量加总	71.6	√
	货运量	公路、铁路等运输方式货运量加总	25.9	
	增加值	物流业产业增加值	84.1	√
	利润额	物流业实际利润总额	44.5	
	税收额	物流业实际税收总额	25.9	
物流业环境污染物	CO_2 排放量	物流运作中 CO_2 排放量	51.9	√
	SO_2 排放量	物流运作中 SO_2 排放量	63.0	√
	NO_X 排放量	物流运作中 NO_X 排放量	75.3	√
	$PM_{2.5}$ 排放量	物流运作中直径不大于 2.5 微米颗粒物排放量	64.2	√
	PM_{10} 排放量	物流运作中直径不大于 10 微米颗粒物排放量	53.1	√
	噪声污染	物流运作过程中带来的噪声污染	29.6	

从调查问卷结果分析，大部分专业学者及行业管理者认为物流业对环境造成的影响主要体现在大气污染上，大气污染物类别被选定比例最高的是 NO_X，其次为 $PM_{2.5}$ 颗粒物、SO_2、PM_{10} 颗粒物，最后为 CO_2。这和《第二次全国污染源普查公报》中披露的移动源污染情况 "移动源污染量中氮氧化物

1064.88 万吨，二氧化硫 42.08 万吨，颗粒物 35.01 万吨"大致相符。这基本说明了在物流业环境影响分析中，不应仅仅考虑 CO_2，NO_X、PM 颗粒物以及 SO_2 也应该考虑其中。

3.2 物流业能源消耗、碳及污染物排放数据分析

3.2.1 能源消耗及能源强度

物流业能源消耗是物流业在提供运输、仓储、流通加工、配送、包装、装卸搬运等活动运行中，为保障物流设施设备的动力需要，对煤类、油类、电力等能源的消耗。物流业消耗的能源以二次能源中的各种油类、电力为主，煤炭、焦炭占据了较少比例，物流业能源消耗对环境造成的危害不仅由能源消费结构决定，更取决于能源消耗总量。

本书通过不同类型能源换算标准煤系数统一转换加总得出物流业能源消耗量。在《中国能源统计年鉴》中，物流消耗能源包括 16 种类型，而原煤、焦炭、汽油等 11 种能源占据了物流业能源消耗量的 99% 以上。为便于计算，本书基于除"其他能源"外的 10 种能源标准煤系数折算汇总物流业能源消耗量数据。各类能源标准煤折算系数详见表 3.2。

表 3.2　　　　　各类能源折算标准煤系数

能源类型	折算系数	单位
原煤	0.7143	千克标准煤/千克
焦炭	0.9714	千克标准煤/千克
汽油	1.4714	千克标准煤/千克
煤油	1.4714	千克标准煤/千克
柴油	1.4571	千克标准煤/千克
燃料油	1.4286	千克标准煤/千克
液化石油气	1.7143	千克标准煤/千克

续表

能源类型	折算系数	单位
天然气	1.33	千克标准煤/立方米
热力	0.0341	千克标准煤/百万焦耳
电力	0.1229	千克标准煤/千瓦小时

　　根据标准煤转换系数法，基于 2005～2020 年中国 30 个省份在《中国能源统计年鉴》中的物流业各类能源消耗数据计算 2005～2020 年中国物流业各省区能源消耗量，测算结果详见图 3.1。图中省份顺序按照东部、东北部、中部和西部地区[①]进行。

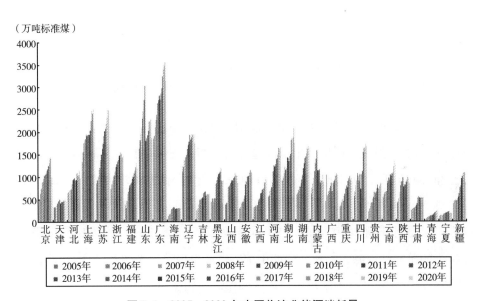

图 3.1　2005～2020 年中国物流业能源消耗量

　　从图 3.1 可以看出，2005～2020 年中国各省区物流业能源消耗量均呈稳步增长趋势，其中，东部能源消耗量较大，中部和西部地区能源消耗量相对较少，呈现出显著的空间差异。

----

　　① 东部地区包括北京、天津、河北、上海、江苏、浙江、福建、山东、广东、海南 10 个省份；东北地区包括辽宁、吉林、黑龙江 3 个省份；中部地区包括山西、安徽、江西、河南、湖北、湖南 6 个省份；西部地区包括内蒙古、广西、重庆、四川、贵州、云南、陕西、甘肃、青海、宁夏、新疆 11 个省份。

以 2004 年为基期，对《中国统计年鉴》中 2005～2020 年 30 个省份物流业增加值数据平减计算得出其不变价格，将能源消耗量除以不变价增加值来计算能源强度[141,148]，能源消耗量和能源强度对比详见图 3.2。

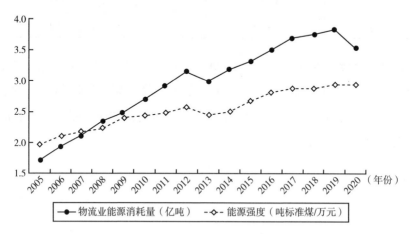

图 3.2　2005～2020 年中国物流业能源消耗量、能源强度变化

从图 3.2 可以看出，2020 年能源消耗量出现下降；在其他年份物流能源消耗量和能源强度总体呈现出上升趋势，但能源强度增长趋势相对平缓；物流业能源消耗量从 2005 年的 17110.032 万吨标准煤增长到 2020 年的 35325.55 万吨标准煤，年均增长率 4.95%；能源强度从 2005 年的 1.94 吨标准煤/万元上升到 2020 年的 2.93 吨标准煤/万元，这和王富忠[149]、张立国[150]的研究结论基本一致，说明中国物流业发展对能源消耗的依赖性较强，能源利用效率较低，中国物流业面临的能源问题突出。

3.2.2　碳排放及碳强度

为保障物流设施设备的动力需要，物流业在提供运输、仓储、流通加工、配送、包装、装卸搬运等业务活动中消耗油类、电力等能源，从而产生了大量 CO_2 等温室气体，加剧了气候变暖和生态恶化。目前 CO_2 的测算方法有实测法等"自下而上"方法及 IPCC 碳排放因子法等"自上而下"方法两大类。考虑到各类物流机械设备燃料消耗数据难以全面获取，本书基于《中国能源统计年鉴》（2006～2021）中 30 个省份物流业终端能源消耗量，采用"自上而下"的碳排放因子法对物流业碳排放量进行测算。以煤炭、电力等 10 种能源实际消耗量为基础，由式（3.1）计算 2005～2020 年中国 30 个省份物流业碳排放量：

$$CO_2(j,t) = \sum_{i=1}^{10} CO_2(i,j,t) = \sum_{i=1}^{10} E_i \times CEF_i \qquad (3.1)$$

其中，$CO_2(j,t)$ 为省份 j 在 t 年的 CO_2 排放量；i 代表第 i 种能源，在 1～10 取值；E_i 代表第 i 种能源原始消耗量（非标准煤消耗量）；CEF_i 为第 i 种能源 CO_2 排放系数，其计算方法如式（3.2）所示：

$$CEF_i = CCV_i \times ALV_i \times COR_i \times \frac{44}{12} \qquad (3.2)$$

其中，CCV_i 表示第 i 种能源单位热值含碳量；ALV_i 表示第 i 种能源平均低位发热值；COR_i 表示第 i 种能源碳氧化率；$\frac{44}{12}$ 表示 CO_2 和 C 分子量比值。借鉴相关学者的计算方法[17,85]，不包含电力能源的 9 种能源的 CO_2 排放因子计算详细过程详见表 3.3。

表 3.3   9 种能源 CO_2 排放系数

能源类型	单位热值含碳量 （g C/GJ）	平均低位发热值 （J/kg）	碳氧化率 （%）	二氧化碳排放因子 （g/kg）
原煤	25.8	20908.4	100	1.9779
焦炭	29.2	28434	100	3.0443
原油	20.0	41816.8	100	3.0666
汽油	18.9	43069.6	100	2.9847
煤油	19.6	43069.6	100	3.0953
柴油	20.2	42651.1	100	3.1590
燃料油	21.1	41816.8	100	3.2352
天然气	15.3	38930.7	100	2.1840
热力	—	—	—	0.1027

注：天然气的平均低位发热值单位是 kJ/m³，天然气和热力的二氧化碳排放因子单位分别为 kg/m³ 和 kg/MJ。

为了更准确计算物流业碳排放量，本书通过不同区域、不同年份的中国区域电力碳排放因子对电力能源消耗产生的 CO_2 进行准确测算。2006 ~ 2019 年中国区域电力碳排放因子[151-154]详见表 3.4。由于 2005 年和 2020 年电力能源碳排放因子没有发布，将这两年的碳排放因子分别用 2006 年和 2019 年碳排放因子代替。

表 3.4　　　　　　　　　　中国区域电网基准碳排放因子

年份	华北区域	东北区域	华东区域	华中区域	西北区域	南方区域	海南
2006	1.0585	1.1983	0.9411	1.2526	1.0329	0.9853	0.9349
2007	1.1208	1.2404	0.9421	1.2899	1.1257	1.0119	0.9209
2008	1.1169	1.2561	0.954	1.2783	1.1225	1.0608	0.8944
2009	1.0069	1.1293	0.8825	1.1255	1.0246	0.9987	0.8154
2010	0.9914	1.1109	0.8592	1.0871	0.9947	0.9762	0.7972
2011	0.9803	1.0852	0.8367	1.0297	1.0001	0.9489	0.9489
2012	1.0021	1.0935	0.8244	0.9944	0.9913	0.9344	0.9344
2013	1.0302	1.112	0.8100	0.9779	0.9720	0.9223	0.9223
2014	1.0580	1.1281	0.8095	0.9724	0.9578	0.9183	0.9183
2015	1.0416	1.1291	0.8112	0.9515	0.9457	0.8959	0.8959
2016	1.0000	1.1171	0.8086	0.9229	0.9316	0.8676	0.8676
2017	0.968	1.1082	0.8046	0.9014	0.9155	0.8367	0.8367
2018	0.9455	1.0925	0.7937	0.877	0.8984	0.8094	0.8094
2019	0.9419	1.0826	0.7921	0.8587	0.8922	0.8042	0.8042

注：该表中数据的单位为 CO_2 10^3 kg/MWH；地区划分依据为中国电网区域，其中，华北区域包括北京、天津、河北、山西、山东、内蒙古；东北区域包括辽宁、吉林、黑龙江；华东区域包括上海、江苏、浙江、安徽、福建；华中区域包括河南、湖北、湖南、江西、四川、重庆；西北区域包括陕西、甘肃、青海、宁夏、新疆；南方区域包括广东、广西、云南、贵州；海南省电网是独立电网，故单独列出。

由式（3.1）和式（3.2）计算 2005 ~ 2020 年中国物流业各省份 CO_2 排放量，测算结果详见图 3.3。

从图 3.3 可以看出，2005 ~ 2020 年中国各省份物流业 CO_2 排放量均稳步增长，其中，东部地区 CO_2 排放量较大，西部地区 CO_2 排放量相对较少，呈现出显著的空间差异。

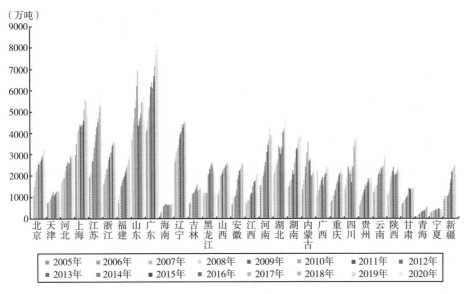

图 3.3　2005～2020 年中国物流业 CO_2 排放量

将物流业 CO_2 排放量除以 2004 年物流业实际增加值，计算 CO_2 强度[155]，CO_2 排放量和 CO_2 强度对比详见图 3.4。

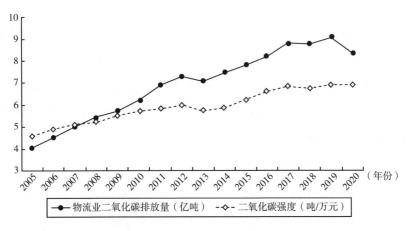

图 3.4　2005～2020 年中国物流业 CO_2 排放量、CO_2 强度变化

从图 3.4 可以看出，物流业 CO_2 排放量和 CO_2 强度总体均呈现出上升趋势，但 CO_2 强度增长趋势相对平缓；物流业 CO_2 排放量从 2005 年的 40171 万吨增长到 2020 年的 90282 万吨，年均增长率 5.02%；CO_2 强度从 2005 年的

4.56 吨/万元上升到 2020 年的 6.95 吨/万元。中国物流业面临着巨大的碳减排压力。

3.2.3 污染物排放及污染强度

根据物流业各类能源实际消耗量，使用排放系数法测算 2005～2020 年各省份物流业 SO_2、NO_X、$PM_{2.5}$、PM_{10} 排放量。结合中国物流业发展实际情况，借鉴国外 EPA、AP - 42 和北京市排放系数[17,156]，对 SO_2、NO_X、$PM_{2.5}$、PM_{10} 污染物排放系数进行核算，结果详见表 3.5。

表 3.5 中国物流业各类能源 SO_2、NO_X、$PM_{2.5}$ 和 PM_{10} 排放系数

污染物	能源类型							
	原煤（kg/t）	焦炭（kg/t）	原油（kg/t）	汽油（kg/t）	煤油（kg/t）	柴油（kg/t）	燃料油（kg/t）	天然气（kg/t）
SO_2	10.0	19.0	2.75	1.6	2.24	2.24	2.24	0.18
NO_X	4.0	4.8	5.09	16.7	7.46	9.62	5.84	2.1
$PM_{2.5}$	0.74	0.144	0.06	0.125	0.31	0.31	0.31	0.15
PM_{10}	1.61	0.288	1.6	0.25	0.31	0.31	0.31	0.22

（1）SO_2 排放量分析。物流业 SO_2 排放大多来源于油品类和煤炭消耗，而大气中 SO_2 含量增加是酸雨发展迅速的重要原因。酸雨中硫酸根和硝酸根的同时作用给农作物和森林造成不可挽回的经济损失[157]。基于排放系数法计算 2005～2020 年中国物流业各省份 SO_2 排放量，结果详见图 3.5。

从图 3.5 中可以看出，2005～2020 年中国东部省份物流业 SO_2 排放量大致呈现出"先升后降"趋势，东部和西部地区 SO_2 排放量相对较少，而东北部及中部 SO_2 排放量较大，呈现出显著的空间差异。值得注意的是，由于物流业能源消耗结构的原因，东部地区能源消耗量大，但其 SO_2 排放量并不是最突出的。这可能的原因是，在中国燃煤 SO_2 排放占 SO_2 排放总量的 80% 以上，而在东部物流业中，煤炭类能源消耗较少。

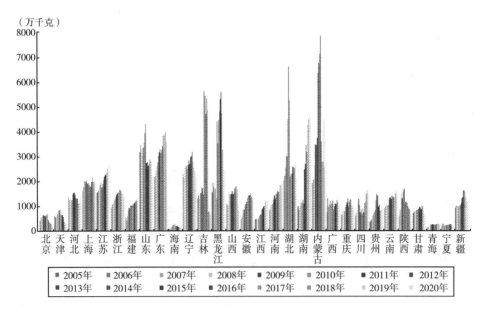

（万千克）

图 3.5　2005～2020 年中国物流业 SO₂ 排放量

（2）NO$_X$ 排放量分析。大气中 NO$_X$ 种类很多，其中，二氧化氮和一氧化氮是环境污染物氮氧化物的总称。以汽油和柴油为动力来源的车辆，其尾气中 NO$_X$ 浓度较高，在非采暖季，一半左右的 NO$_X$ 来源于机动车等移动源，是继 SO$_2$ 实现总量控制的头号污染物。NO$_X$ 可作用于人类肺部，使得肺部构造发展改变，还会刺激眼睛，是降低大气能见度的光化学烟雾生成的主要原因。基于排放系数法，计算 2005～2020 年中国物流业各省区 NO$_X$ 排放量，结果详见图 3.6。

从图 3.6 中可以看出，2005～2020 年中国大多数省区物流业 NO$_X$ 排放量大致呈现出"先升后平稳"趋势，江苏、浙江、福建等个别省份排放量呈逐年增加态势。中部和西部地区 NO$_X$ 排放量相对较少，空间差异不显著；东部地区内部差异较大，北京、天津 NO$_X$ 排放量相对较少，而江苏、广东排放量较大。这可能与北京、天津等地货车环保标准较高、不同货车车型污染物排放量差异巨大有关。《中国移动源环境管理年报》（2021）显示，国五天然气重卡的 NO$_X$ 排放是国五柴油重卡的 3.3 倍，柴油货车占机动车保有量不到一成，却占据了机动车 NO_x 排放总量的 57.3%，这也解释了淘汰国五及柴油车对减排 NO_x 的重要性。

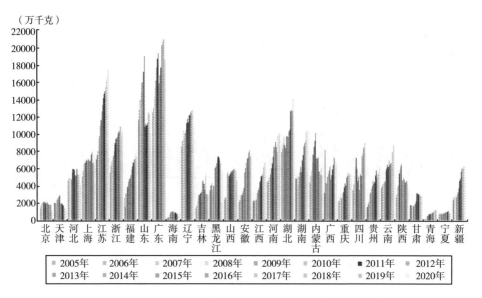

图 3.6 2005～2020 年中国物流业 NO_x 排放量

（3）PM 颗粒物排放量分析，PM 颗粒物英文名称为 particulate matter，又称为入肺颗粒物，按照其颗粒物微米级直径分类可分为 $PM_{0.1}$、$PM_{0.3}$、$PM_{2.5}$、PM_4、PM_5 和 PM_{10} 等。PM 颗粒物越小，就越容易入侵到人体内，引起的健康风险就越高。PM_{10} 对和空气直接接触的人体眼睛、鼻子和喉咙造成影响，而 $PM_{2.5}$ 则可进入到人体的呼吸循环系统，损害肺部、心脏和大脑。$PM_{2.5}$ 和 PM_{10} 是受到环境监测的空气污染物。本书基于排放系数法测算物流业 $PM_{2.5}$ 和 PM_{10} 颗粒物排放量，结果详见图 3.7 和图 3.8。

从图 3.7 和图 3.8 可以看出，2005～2020 年中国各省份物流业 $PM_{2.5}$ 和 PM_{10} 排放量大致呈现"先升后平稳"趋势，且具有明显的空间差异，中部、东北部高而东部、西部低。$PM_{2.5}$ 颗粒物高排放量地区集中在山东、广东、辽宁等地，而 PM_{10} 颗粒物高排放量地区集中在黑龙江、内蒙古等地。这可能的原因在于不同地区气温、地形和运输规模的差异。辽宁、内蒙古、黑龙江等地区年平均气温较低，电力能源利用效率较低。而在广东和山东，在发挥物流业运输规模效应的驱动下，物流运输车辆趋向大型化和超大型化，车辆所需动力更为强劲，尾气排放量也是小型货车和一般客运车辆的多倍。

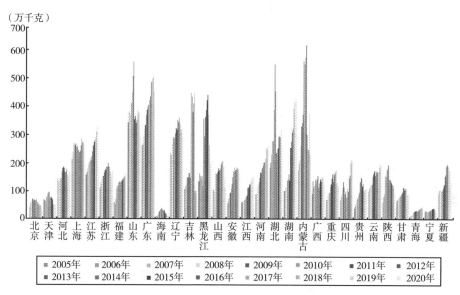

图 3.7　2005～2020 年中国物流业 $PM_{2.5}$ 颗粒物排放量

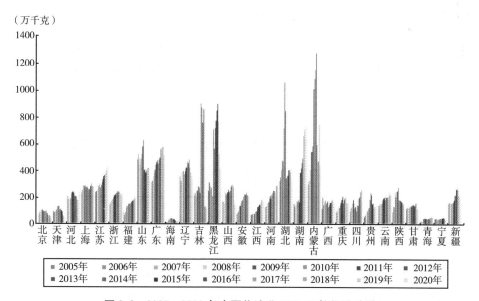

图 3.8　2005～2020 年中国物流业 PM_{10} 颗粒物排放量

借鉴能源强度及碳强度的计算方法计算污染强度。为了便于计算和分析，将 SO_2、NO_X、$PM_{2.5}$ 和 PM_{10} 颗粒物排放量加总除以 2004 年物流业实际增加值计算污染强度，污染物排放量和污染强度对比详见图 3.9。

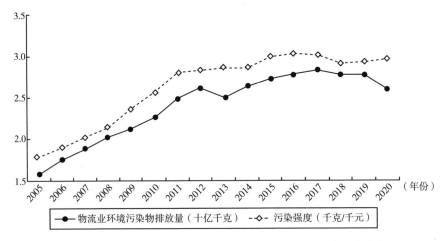

图 3.9　2005～2020 年中国物流业污染物排放量、污染强度变化

从图 3.9 可以看出，物流业污染物排放量和污染强度总体均呈现出上升趋势，且与物流业能源消耗量和 CO_2 排放量趋势相近。值得注意的是，污染强度与污染物排放量增长趋势相近，并没有像能源强度和 CO_2 强度曲线平缓，这说明了中国物流业减少污染物排放比减少 CO_2 排放面临着更严峻的趋势。

3.3　物流业发展与能源消耗、碳及污染物排放关系检验

3.3.1　相关关系分析

在分析中国物流业能源消耗、碳排放、污染物排放与经济增长的关系前，本书采用回归拟合法来分析各变量之间的相关性，详见图 3.10。

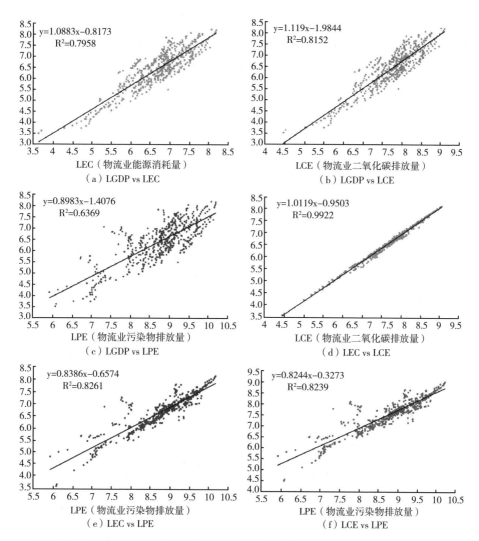

图 3.10　中国物流业经济增长、能源消耗、碳排放及污染物排放之间的拟合关系

注：各变量均为其自然对数形式。

图 3.10（a）、（b）、（c）分别绘制了物流业增加值 LGDP（因变量）与能源消耗量 LEC、碳排放量 LCE、四种污染物排放总量 LPE（自变量）之间的拟合情况，拟合优度系数分别为 0.7958、0.8152 和 0.6369；图 3.10（d）、（e）分别绘制了能源消耗 LEC（因变量）与碳排放量 LCE、四种污染物排放总量 LPE（自变量）之间的拟合情况，拟合优度系数分别达到了

0.9922 和 0.8261；图 3.10（f）绘制了碳排放量 LCE（因变量）与四种污染物排放总量 LPE（自变量）之间的拟合情况，拟合优度系数达到了 0.8239。可以看出，经济增长与能源消耗、碳排放和污染物排放两两变量之间均显示出较强的相关性。

3.3.2 协整关系分析

面板数据包含时间序列数据和截面数据，在模型回归过程中可能存在伪回归现象。为了避免面板数据伪回归，需对各变量进行平稳性检验。在检验物流业经济增长、能源消耗量等变量之间是否存在协整关系前，需对各变量进行平稳性检验[158]。基于同根 LLC 和异根 ADF-Fisher 的一阶差分后的面板单位根检验结果如表 3.6 所示。

表 3.6   一阶差分条件下变量单位根检验结果

变量	趋势项和常数项	常数项	无
LLC 同根检验			
d_LGDP	−3.9775 (0.0000)	2.9807 (0.0000)	−1.8537 (0.0000)
d_LEC	−3.7397 (0.0000)	−2.8916 (0.0000)	−1.5072 (0.0000)
d_LCE	−3.8707 (0.0000)	−2.9702 (0.0000)	−2.1884 (0.0000)
d_LPE	−3.828 (0.0000)	−4.4496 (0.0000)	−3.3036 (0.0000)
ADF-Fisher 异根检验			
d_LGDP	8.0910 (0.0000)	9.2499 (0.0000)	12.2367 (0.0000)
d_LEC	6.8788 (0.0000)	12.546 (0.0000)	15.7631 (0.0000)

续表

变量	趋势项和常数项	常数项	无
ADF-Fisher 异根检验			
d_LCE	6.5265 (0.0000)	12.8841 (0.0000)	18.4186 (0.0000)
d_LPE	4.6734 (0.0000)	11.4980 (0.0000)	19.4320 (0.0000)

注：括号内为 p-value 值，d_表示一阶差分。

通过表3.6可以看出，各变量一阶差分数据的 p-value 值均小于0.01，表明差分后变量在1%显著性水平下满足平稳性研究，表明各变量均为一阶单整，可进行协整关系分析。

在两变量协整关系检验时，面板 Pedroni 协整检验方法相对于 Kao 检验等更为适用[159]。基于固定效应和趋势项、固定效应、无固定效应和趋势项的 Pedroni 协整检验结果如表3.7所示。

表 3.7　　　　　　　　面板 Pedroni 协整检验结果

	含固定效应和趋势项	含固定效应	无固定效应和趋势项
LGDP versus LEC			
Panel PP-statistics test	4.5054 (0.0000)	2.8800 (0.0020)	4.6514 (0.0000)
Panel ADF-statistics test	−2.6052 (0.0046)	3.446 (0.0001)	−4.0531 (0.0000)
LGDP versus LCE			
Panel PP-statistics test	4.5862 (0.0000)	2.7989 (0.0026)	3.7748 (0.0001)
Panel ADF-statistics test	−2.1405 (0.0070)	−5.107 (0.0000)	−6.5089 (0.0000)
LGDP versus LCE			
Panel PP-statistics test	4.6609 (0.0000)	3.0993 (0.0010)	4.6869 (0.0000)
Panel ADF-statistics test	−3.6052 (0.0000)	7.482 (0.0000)	12.0695 (0.0000)

续表

	含固定效应和趋势项	含固定效应	无固定效应和趋势项
LEC versus LCE			
Panel PP-statistics test	4.7256 (0.0000)	2.6934 (0.0012)	2.9128 (0.0018)
Panel ADF-statistics test	− 3.2215 (0.0000)	− 5.184 (0.0000)	− 4.4911 (0.0000)
LEC versus LPE			
Panel PP-statistics test	6.7651 (0.0000)	8.6934 (0.0000)	4.1285 (0.0000)
Panel ADF-statistics test	− 7.2135 (0.0000)	− 5.1423 (0.000)	5.0644 (0.0000)
LCE versus LPE			
Panel PP-statistics test	5.7536 (0.0000)	5.6314 (0.0000)	4.3250 (0.0000)
Panel ADF-statistics test	− 4.2115 (0.0000)	− 5.154 (0.0000)	3.7267 (0.0001)

注：括号内为 p-value 值。

从表 3.7 可以看出，在三种趋势下，物流业增加值、能源消耗量、CO_2 排放量、环境污染物排放量之间建立的协整方程虽然显著性水平不同，但均通过了 1% 的显著性水平检验，可以拒绝原假设，认为四变量两两之间存在长期协整关系，不存在伪回归现象。这说明四个变量具有共同波动趋势，存在长期稳定的均衡相依关系，物流业发展增加了能源消耗、碳及污染物排放，而能源消耗、碳及污染物排放也促进了物流业发展，然而这种发展是粗放的、不可持续的。

3.3.3 因果关系分析

由于 LGDP、LEC、LCE、LPE 四变量均为一阶平稳，且两两之间存在长期协整关系，则两变量之间至少存在一个方向上的 Grangrer 因果关系[159]。

基于向量误差模型的面板 Grangrer 因果检验方法，分别运用一阶差分后数据和原始数据检验其短期因果和长期因果关系，检验结果分别如表 3.8 和表 3.9 所示。

表 3.8　　　　物流业经济增长、能源消耗、碳及污染物排放间面板
Granger 短期因果关系检验

因变量	自变量		结论
LGDP versus LEC	d_LGDP	d_LEC	
d_LGDP	—	11. 3713 (0. 0000)	LGDP←LEC
d_LEC	6. 1570 (0. 0000)	—	LGDP→LEC
LGDP versus LCE	d_LGDP	d_LCE	
d_LGDP	—	11. 5259 (0. 0000)	LGDP←LCE
d_LCE	5. 8268 (0. 0000)	—	LGDP→LCE
LGDP versus LPE	d_LGDP	d_LPE	
d_LGDP	—	10. 3552 (0. 0000)	LGDP←LPE
d_LPE	6. 0095 (0. 0000)	—	LGDP→LPE
LEC versus LCE	d_LEC	d_LCE	
d_LEC	—	4. 1300 (0. 0000)	LEC←LCE
d_LCE	4. 8384 (0. 0000)	—	LEC→LCE
LEC versus LPE	d_LEC	d_LPE	
d_LEC	—	3. 6233 (0. 0003)	LEC←LPE
d_LPE	5. 5105 (0. 0000)	—	LEC→LPE

续表

因变量	自变量		结论
LCE versus LPE	d_LCE	d_LPE	
d_LCE	—	3.8413 (0.0001)	LCE←LPE
d_LPE	3.6271 (0.0003)	—	LCE→LPE

注：括号内为 p-value 值。

表 3.9 物流业经济增长、能源消耗、碳及污染物排放间面板

Granger 长期因果关系检验

因变量	自变量		结论
LGDP versus LEC	LGDP	LEC	
LGDP	—	5.0345 (0.0000)	LGDP←LEC
LEC	5.3910 (0.0000)	—	LGDP→LEC
LGDP versus LCE	LGDP	LCE	
LGDP	—	6.7350 (0.0000)	LGDP←LCE
LCE	6.0624 (0.0000)	—	LGDP→LCE
LGDP versus LPE	LGDP	LPE	
LGDP	—	7.2727 (0.0000)	LGDP←LPE
LPE	8.2688 (0.0000)	—	LGDP→LPE
LEC versus LCE	LEC	LCE	
LEC	—	9.5342 (0.0000)	LEC←LCE
LCE	7.7200 (0.0000)	—	LEC→LCE

因变量	自变量		结论
LEC versus LPE	LEC	LPE	
LEC	—	11.7592 (0.0003)	LEC←LPE
LPE	6.4715 (0.0000)	—	LEC→LPE
LCE versus LPE	LCE	LPE	
LCE	—	8.6067 (0.0001)	LCE←LPE
LPE	4.3030 (0.0000)	—	LCE→LPE

注：括号内为 p-value 值。

从表 3.8 和表 3.9 可以看出，在短期和长期关系上，物流业经济增长与能源消耗、CO_2 排放、环境污染物排放之间，能源消耗与 CO_2 排放、环境污染排放之间，CO_2 排放与环境污染物排放之间都互为 Grangrer 原因，存在双向因果关系。这说明，不管是短期还是长期，资源消耗和环境污染对物流业经济增长有显著的正向影响，经济增长也加剧了资源消耗和环境影响，经济增长对资源环境具有很强的依赖性。在当前阶段，不依赖导致碳排放和环境污染的能源投入，将不能满足中国物流业经济增长需求，验证了物流业"高能耗、高排放、高污染"的特征。此外，从 CO_2 排放和环境污染物排放的短期和长期双向因果关系上看，减少 CO_2 排放和环境污染物排放具有高度的同源同根性，应实施协同"降污减碳"。

基于上述 Grangrer 因果关系检验结果可以发现，能源充足、安全的投入对物流业经济增长至关重要，限制物流业能源投入将会制约物流业经济增长，中国物流业高速增长是以牺牲资源和环境为代价的。因此，中国物流业高质量发展必须是在资源环境约束下实现的。

3.4　本章小结

本章是本书研究的数据基础部分，重点是对物流业资源环境约束中能源消耗量、CO_2、SO_2、NO_X、$PM_{2.5}$ 和 PM_{10} 颗粒物排放量进行测算和分析。主要研究内容和结论如下。

（1）根据物流业资源环境影响调查问卷及《第二次全国污染源普查公报》分析，在物流业环境影响分析中，不应仅仅考虑 CO_2，SO_2、NO_X 及 PM 颗粒物应该考虑其中。

（2）中国物流业能源消耗量、碳、污染物排放量测算结果表明，2005 ~ 2020 年能源消耗量、碳、污染物排放量均呈现稳步增长态势，不同区域和省区之间存在较大的异质性。其中，能源消耗量、CO_2 和 NO_X 排放量大体呈现出"东高西低"的空间特征，SO_2 及 PM 颗粒物排放量呈现"中部东北部高、东部西部低"的空间特征。

（3）能源强度、碳强度及污染强度测算结果表明，能源强度、碳强度及污染强度在 2005 ~ 2020 年均呈现上升趋势，且污染强度曲线较能源强度、碳强度曲线陡峭，表明物流业发展面临的节约能源、碳减排形势严峻，且污染物减排面临的形势更为严峻。

（4）运用协整方程和面板 Granger 因果检验方法探讨物流业经济增长与能源消耗、碳及污染物之间的关系，结果表明，无论从短期还是长期看，四变量两两之间均存在双向因果关系，这说明当前中国物流业高速的经济增长是以牺牲资源和环境为代价的，中国物流业高质量发展应在资源环境约束下实现。

| 第 4 章 |

狭义视角资源环境约束下中国物流业发展质量的测度及空间特征——基于生态效率模型

根据第 2 章 2.1 节中概念界定，资源环境约束下物流业发展质量在狭义视角是考虑能源和环境的生态效率，对其测度是生态效率的量化过程。本章首先将 CO_2、SO_2、NO_X、$PM_{2.5}$、PM_{10} 排放纳入非期望产出，运用 Super-SBM-Undesirable 模型，构建物流业生态效率及其分解的纯技术和规模效率的指标体系，对 2005～2020 年中国 30 个省份物流业生态效率及其分解效率进行测度；其次从全国、区域、省域层面分析中国物流业生态效率及其分解变化规律；最后创建信息空间权重矩阵，从空间差异性、空间收敛性、空间方向性、空间关联性等对物流业生态效率的空间特征进行刻画。

4.1　物流业生态效率测度模型

4.1.1　Super-SBM-Undesirable 模型

传统 CCR、BCC 等 DEA 模型在测算物流业效率时没有考虑到非期望产出，且在对弱有效决策单元的有效改进中没有体现松弛改进。托内（Tone）[160] 在

2003 年提出了 SBM-Undesirable 模型，它是考虑非期望产出的非径向 SBM 模型，目前被广泛应用于生态效率测度体系中。本书应用投入导向规模报酬不变的 Super-SBM-Undesirable 模型构建物流业的生态效率测度模型。

借鉴托内的思想，构造出一个物流业生产可能性集，假设用 DMU_n 表示决策单元，每个决策单元都有 m 种投入、q_1 种期望产出、q_2 种非期望污染物产出，其向量形式为 $x \in \mathbf{R}^m$、$y^w \in \mathbf{R}^{q_1}$、$y^b \in \mathbf{R}^{q_2}$，矩阵表达形式为 $\mathbf{X} = (x_1, x_2, \cdots, x_n) \in \mathbf{R}^{m \times n}$，$\mathbf{Y}^w = (y_1^w, y_2^w, \cdots, y_n^w) \in \mathbf{R}^{q_1 \times n}$，$\mathbf{Y}^b = (y_1^b, y_2^b, \cdots, y_n^b) \in \mathbf{R}^{q_2 \times n}$，且假定 $\mathbf{X} > 0$、$\mathbf{Y}^w > 0$、$\mathbf{Y}^b > 0$。则物流业生产可能性集定义为：

$$P(x) = \{(x, y^w, y^b): x \text{ 生产}(y^w, y^b) \mid x \geq \mathbf{X}\lambda, y^w \leq \mathbf{Y}^w\lambda, y^b \geq \mathbf{Y}^b\lambda, \lambda \geq 0\}$$

基于上述系统，考虑实际投入水平和非期望产出水平分别不低于前沿投入水平和前沿非期望水平，且实际期望水平不超过前沿期望产出水平，则构建 SBM-Undesirable 数学模型如下：

$$\min\rho^* = \frac{1 - \frac{1}{m}\sum_{i=1}^m \frac{s_i^-}{x_{i0}}}{1 + \frac{1}{q_1+q_2}\left(\sum_{k=1}^{q_1}\frac{s_k^{w+}}{y_{k0}^w} + \sum_{k=1}^{q_2}\frac{s_k^{b-}}{y_{k0}^b}\right)}$$

$$s.t. \begin{cases} x_{i0} = \sum_{j=1}^n x_{ij}\lambda_j + s_i^- & i = 1,2,\cdots,m \\ y_{k0}^w = \sum_{j=1}^n y_{kj}^w\lambda_j - s_k^{w+} & k = 1,2,\cdots,q_1 \\ y_{k0}^b = \sum_{j=1}^n y_{kj}^b\lambda_j + s_k^{b-} & k = 1,2,\cdots,q_2 \\ s_i^- \geq 0, s_k^{w+} \geq 0, s_k^{b-} \geq 0, \lambda_j \geq 0 \end{cases} \quad (4.1)$$

在式（4.1）中，x_{i0}、y_{k0}^w、y_{k0}^b 分别表示实际投入、期望产出和非期望污染物产出；s_i^-、s_k^{w+}、s_k^{b-} 分别表示物流系统投入、期望产出和非期望污染物松弛变量，代表最优化目标值与实际值的差距。x_{ij}、$y_{kj}^w\lambda_j$、$y_{kj}^b\lambda_j$ 分别表示投入矩阵、期望产出矩阵和非期望产出矩阵；λ_j 表示权重向量。目标函数 ρ^*

松弛变量严格递减，取值在 0 ~ 1 之间；当 $\rho^* < 1$，$s_i^- = s_k^{w+} = s_k^{b-} = 0$ 时，表示该决策单元有效；当 $0 \leqslant \rho^* < 1$，s_i^-、s_k^{w+}、s_k^{b-} 不全为 0 时，表示该决策单元处于无效状态，存在效率提升潜力，可通过调整投入产出提升效率。

在 SBM-Undesirable 模型中，决策单元效率值最大为 1 且多个决策单元同时为 1，不便于进行有效决策单元效率的比较。为此，借鉴安德森和皮德森（Andersen and Petersen）[161] 提出的区分有效 DMU 的方法，将评价 DMU 从参考集中去除，基于其他 DMU 构建生产前沿面从而区分有效 DMU 的做法构建 Super-SBM 模型。

再次构造物流业生产可能性集，假设物流生产系统中用 DMU_n 表示决策单元，每个决策单元都有 m 种投入、q_1 种期望产出，q_2 种非期望产出，对在 SBM-Undesirable 模型中效率值为 1 的决策单元，运用 Super-SBM-Undesirable 模型[19] 测算其超效率值。对物流业生产性可能集进行重新定义，假定 $x^* = X\lambda + S^-$、$y^{w*} = Y^w\lambda - S^{W+}$、$y^{b*} = Y^b\lambda + S^{b-}$，模型可表达为：

$$P(x^*, y^{w*}, y^{b*}) = \left\{ (x', y^{w'}, y^{b'}) \,\middle|\, x' \geqslant \sum_{j=1, \neq 0}^{n} x_{j\lambda_j}, y^{w'} \leqslant \sum_{j=1, \neq 0}^{n} y_j^w \lambda_j, y^{b'} \right.$$
$$\left. \geqslant \sum_{j=1, \neq 0}^{n} y_j^b \lambda_j, y^{w'} \geqslant, y^{b'} \geqslant, \lambda \geqslant 0 \right\}$$

$$\min \partial^* = \frac{\dfrac{1}{m} \sum\limits_{i=1}^{l} \dfrac{x_i'}{x_{i0}}}{\dfrac{1}{q_1 + q_2} \left(\sum\limits_{k=1}^{q_1} \dfrac{y^{w'}}{y_{k0}^w} + \sum\limits_{k=1}^{q_2} \dfrac{y^{b'}}{y_{k0}^b} \right)}$$

$$\text{s. t.} \begin{cases} x' \geqslant \sum\limits_{j=1, \neq 0}^{n} x_{ij} \lambda_j & i = 1, 2, \cdots, l \\[2mm] y^{w'} \leqslant \sum\limits_{j=1, \neq 0,}^{n} y_{kj}^w \lambda_j & k = 1, 2, \cdots, q_1 \\[2mm] y^{b'} \geqslant \sum\limits_{j=1, \neq 0}^{n} y_{kj}^b \lambda_j & k = 1, 2, \cdots, q_2 \\[2mm] x' \geqslant x^*, y^{w'} \leqslant y^{w*}, y^{b'} \geqslant y^{b*}, \lambda_j \geqslant 0 \end{cases} \tag{4.2}$$

式（4.2）中，计算出的 ∂^* 即为其超效率值。

在基于面板数据的 Super-SBM-Undesirable 模型测算物流业生态效率时，可使用 Malmquist 指数来反映不同时期的物流业生态效率随时间变化的情况。在规模报酬不变的情况下，Malmquist 指数可以分解为技术进步指数和技术效率指数，而技术效率指数在本书中即为生态效率，它可进一步分解为纯技术效率和规模效率，具体表现为技术效率指数为纯技术效率和规模效率的乘积[51,99]。纯技术效率指物流生产系统中由于管理和技术等因素产生的效率，而规模效率是由于生产规模因素产生的效率。

4.1.2 投入产出指标体系构建

物流业生态效率的 Super-SBM-Undesirable 模型是基于投入、期望产出和非期望产出指标体系构建的，确定投入产出指标是生态效率测度的关键。本书选取的物流业生态效率投入产出指标及其变量选择如下。

（1）投入指标。物流业是资本密集型和劳动密集型产业，需要大量的劳动力和资本投入，也是能源消耗巨大的行业。资本、劳动力和能源被认为是衡量物流生产系统效率最不可或缺的投入。

物流业资本投入使用固定资产总额来表示。固定资产总额应用永续盘存法[162]进行估算，折旧率取 9.6%，物流业固定资产资本存量以 2004 年为基期，2004 年的资本存量采用资本产出比逆向法计算[163]。以物流业从业人数作为劳动力投入。物流业从业人数是物流行业的员工数，指的是铁路、公路、水上、航空、装卸、邮政等初级行业的员工总数。物流业能源消耗量数据来源于本书第 3 章 3.2 节计算结果。

（2）期望产出。货运周转量能够充分反映物流生产绩效，而物流业增加值是物流业对经济发展贡献的具体体现。本书选取货运周转量和物流业增加值作为物流生产系统的预期产出。

通过对公路、铁路、水运三种运输方式的货运周转量加总得出货物周转量数据。以 2004 年为基准，将 2005～2020 年中国 30 个省份物流业增加值折算为实际值。

（3）非期望产出。物流业消耗的化石能源带来了温室气体和空气污染物的排放。CO_2 温室气体会导致全球变暖，对自然生态系统产生负面影响，而物流业带来的 SO_2、NO_x、$PM_{2.5}$ 和 PM_{10} 是严重的空气污染物，对空气质量和人类健康构成威胁。因此，将 CO_2、SO_2、NO_x、$PM_{2.5}$ 和 PM_{10} 作为物流业生产系统的非期望产出，其数据来源于本书第 3 章 3.2 节计算结果。

2005～2020 年中国 30 个省份的物流业增加值及其增加值指数、固定资产投资额、货运周转量等数据来源于 2006～2021 年《中国统计年鉴》。2005～2020 年中国 30 个省份物流业员工数量数据来自 2006～2021 年《中国第三产业统计年鉴》。部分缺失数据采用差值法补齐。运用基础数据计算的各指标变量描述详见表 4.1。

表 4.1　物流业生态效率投入产出指标及其描述性统计

指标类型	选择指标	单位	最大值	最小值	平均值	标准差
投入指标	物流业固定资产总额	亿元	20696.97	178.04	4415.67	3769.24
	物流业能源消耗量	万吨标准煤	3549.47	37.20	983.23	643.90
	物流业劳动力投入	万人	82.06	3.22	23.80	14.25
期望产出	货物周转量	亿吨公里	32795.00	144.20	4793.77	5133.17
	物流业增加值	亿元	3777.65	33.55	869.10	687.53
非期望产出	物流业 CO_2 排放量	万吨	8162.28	88.57	2302.17	1460.80
	物流业 SO_2 排放量	万千克	7872.01	72.60	1556.86	1217.27
	物流业 NO_x 排放量	万千克	21091.51	236.14	6013.65	4147.23
	物流业 $PM_{2.5}$ 排放量	万千克	618.64	8.27	171.83	117.32
	物流业 PM_{10} 排放量	万千克	1267.38	10.74	237.09	190.19

4.2　物流业生态效率的纯技术和规模效率分析

根据物流业生态效率测度模型测算 2005～2020 年中国 30 个省份物流业生态效率及其分解的纯技术效率和规模效率，并分别从全国、四大区域和 30

个省份层面进行分析。

4.2.1　全国层面分析

基于 2005～2020 年中国 30 个省份物流业生态效率值及其分解值，采用简单算术平均法测算出全国整体的物流业生态效率及其分解的变化趋势，详见图 4.1。

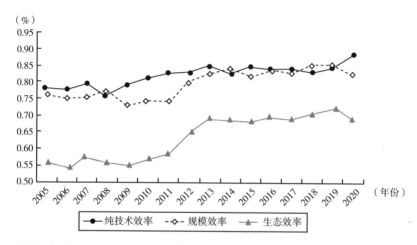

图 4.1　2005～2020 年中国物流业生态效率及其纯技术、规模分解变化趋势

由图 4.1 可知，中国物流业生态效率整体值为 0.6351，小于 1，表明物流业生态效率表现为 DEA 无效，具有较大提升空间；纯技术效率和规模效率的平均值分别为 0.8236 和 0.7968，说明以管理组织技术和科技创新为主导的纯技术效率是物流业生态效率提升的关键。

从时间变化趋势上看，物流业生态效率及其分解的纯技术效率和规模效率均表现为波动上升趋势。物流业生态效率从 2005 年的 0.5590 上升到 2020年的 0.6931，总体提升了 23.99%；纯技术效率和规模效率分别从 2005 年的0.7846 和 0.7618 上升到 2020 年的 0.8880 和 0.8186，总体分别提升了13.17% 和 7.45%。值得注意的是，在 2009～2013 年，中国物流业生态效率、纯技术效率和规模效率均呈现出快速增长趋势，这可能与 2009 年国务院《物流业调整和振兴规划》的印发有一定关系。规划中重点强调要加强物流新技术的开发和应用，持续有效扩大物流市场需求规模，对物流业纯技术效率和规模效率起到了促进作用。

4.2.2　区域层面分析

根据 2005～2020 年中国 30 个省份物流业生态效率及分解值测算结果，将东部、东北部、中部和西部地区的均值作为各区域的效率值，各区域划分标准同本书第 3 章 3.2 节。各区域生态效率及其分解值变动趋势如图 4.2 所示。

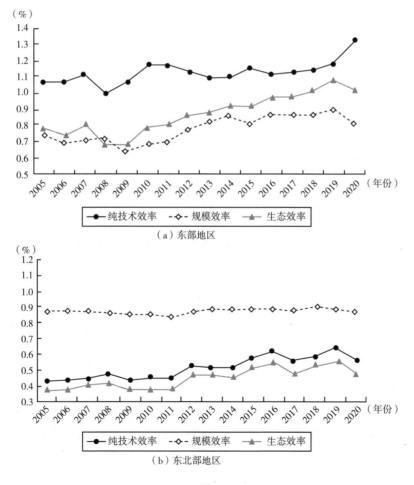

（a）东部地区

（b）东北部地区

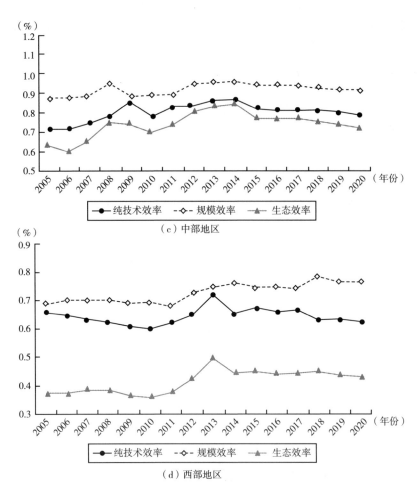

图 4.2 2005～2020 年中国四大区域物流业生态效率及其纯技术、规模效率分解变化趋势

从图 4.2 可以看出，2005～2020 年东部地区物流业生态效率平均值为 0.8714，明显高于中部地区平均值 0.7373，其次高于东北部地区的 0.4513 和西部地区的 0.4147，总体呈现东部—中部—东北部—西部阶梯下降态势。

东部地区的分解效率中，物流业纯技术效率提升了 24.62%，而规模效率提升了 9.84%，纯技术效率提升是东部地区物流业生态效率提升的重要原因。这可能的原因在于中国实施了不平衡的发展策略，而东部地区又靠近沿海，获得了对内改革和对外开放的双重优势，在技术资金保障和国外先进技术学习上具有良好的基础条件。东北部地区的分解效率中，物流业纯技术效率提升了 27.71%，而规模效率下降了 0.79%，纯技术效率提升是物流业生态效率提升的重要原因。这可能的原因在于东北地区作为老工业基地，在 2004 年实施全面振兴战略以来，更注重从传统工业向战略性新兴产业升级，企业自主创新能力得以巩固提升，从"制造"向"智造"的转变使得与之服务配套的物流业纯技术效率也得以提升。中部地区的分解效率中，物流业纯技术效率和规模效率分别提升了 9.92% 和 4.10%，纯技术效率和规模效率贡献差距较小，两者在物流生态效率提升中均发挥一定作用。这可能的原因是中部地区无论是在地理空间还是经济发展方面均处在全国中等位置，物流、信息流等在此区域得以中和，使得其纯技术效率和规模效率提升也处在全国中游水平。西部地区的分解效率中，物流业纯技术效率下降了 4.47%，而规模效率提升了 7.45%，规模效率是物流业生态效率提升的重要原因。这可能的原因在于西部地区实施的大开发政策转移了东部地区剩余发展能力，西部丰富的矿产资源、工业原材料资源使得西部货运量和周转量大幅提升，而这种提升更多的是依靠大宗物流规模量的提升，而非技术水平的提升。

综上，东部、东北和中部地区物流业生态效率提升主要依赖纯技术效率提升，而西部地区物流业生态效率提升主要依赖于规模效率提升。

4.2.3　省域层面分析

根据 2005～2020 年中国 30 个省份物流业生态效率及其分解值绘制其各省份变化趋势，详见图 4.3。

从图 4.3 可以看出，物流业生态效率值最高的是上海，其生态效率均值达到 1.2905，其生态效率主要来自纯技术效率的贡献。这说明上海市通过协调投入与产出，使其最优产能被出色地发挥出来。例如，作为全球首个智能化集装箱码头的上海市洋山港四期无人码头，物流业与制造业的"两业联

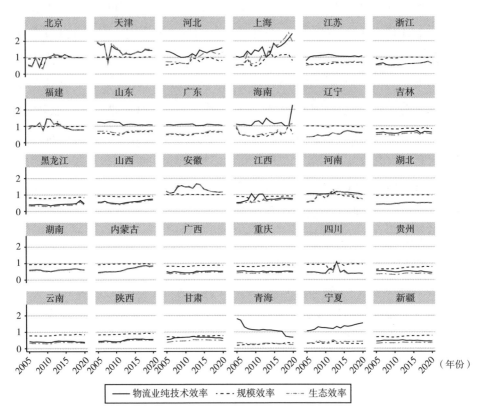

图 4.3　2005～2020 年中国 30 个省份物流业生态效率及其纯技术、规模效率分解变化趋势

动"在某种程度上促进了上海市物流资源的合理配置，使纯技术效率得以发挥。物流业生态效率最高的是天津，其生态效率均值达到 1.2567，也主要是来自纯技术效率的贡献，这可能与天津市是海港枢纽、科技强市有一定关系。

物流业生态效率值最低的是青海和云南，其物流业生态效率值分别为 0.3379 和 0.2842。其中，青海规模效率不高是物流业生态效率较低的主要原因，这可能与青海地处西北内陆、经济和产业发展滞后有关。青海作为矿产等资源输出大省，受到地理区位所限，公路运量占据 80% 以上比例，物流成本占 GDP 比重高达 20% 以上，通过公路物流完成大宗货物资源运输使得其规模效应难以发挥，进而导致物流业资源利用率低、生态效率低。相对地，纯技术效率不高是云南物流业生态效率低的主要原因，这可能与云南物流资源配置效率不高有一定关系。云南物流企业规模普遍偏小，信息化、智能化水平也较低，物流车辆等设施设备利用率也不高，从而导致物流业资源投入多而实际产能少，物流业生态效率低下。

其他省份物流业生态效率均存在不同程度的提升，也存在部分省份物流业生态效率下降的情形。一方面，天津、安徽、福建三省份物流业生态效率相对较高，但物流业生态效率值却呈现出不同的下降趋势，究其原因在于其纯技术效率的下降导致了生态效率下降；另一方面，四川、云南、青海三省份物流业生态效率较低，物流业生态效率值也呈现出下降趋势，其中，四川和云南在于其纯技术效率的下降，而青海则受到规模和纯技术效率同时下降的双重影响，这也说明青海物流业生态发展尤其要受到关注。

4.3　物流业生态效率空间特征分析

4.3.1　信息空间权重矩阵

空间权重矩阵是表示空间单元之间空间联系的矩阵，它是空间特征分析和空间计量分析的重要基础。不同空间权重矩阵直接影响空间计量模型的回归结果，准确使用空间权重矩阵进行中国物流业发展质量空间特征和提升分析至关重要。

（1）邻接空间权重矩阵设定。邻接空间权重矩阵是以空间单元是否邻接作为其空间距离的判定依据。本书中设定邻接空间权重矩阵 W1 为一阶邻接空间权重矩阵，其表达式为：

$$\omega 1_{ij} = \begin{cases} 1 & \text{空间单元 i 和 j 邻接} \\ 0 & \text{空间单元 i 和 j 不邻接} \end{cases} \quad i \neq j \qquad (4.3)$$

在本书的 30 个省份中，海南是孤岛单元，但考虑到海南与广东邻近，为了便于行标准化，设定海南和广东具有邻接关系。

（2）地理空间权重矩阵设定。为了表示任意两个空间单元之间的不同空间距离关系，本书构建地理距离空间矩阵 W2。地理距离空间矩阵中的元素有：

$$\omega 2_{ij} = \begin{cases} \dfrac{1}{d_{ij}} & i \neq j \\ 0 & i = j \end{cases} \qquad (4.4)$$

其中，矩阵元素 $\omega 2_{ij}$ 表示两个空间单元地理距离的倒数，d_{ij} 表示欧式距离。

（3）经济空间权重矩阵设定。从物流业发展的经济特征出发，借鉴李婧（2010）[164]、余泳泽[165]的做法，构建基于经济距离的空间权重矩阵 W3，矩阵中的元素有：

$$\omega 3_{ij} = W2_{ij} \times \mathrm{diag}\left(\frac{\overline{y_1}}{\overline{y}}, \frac{\overline{y_2}}{\overline{y}}, \cdots, \frac{\overline{y_n}}{\overline{y}} \right) \qquad (4.5)$$

其中，$W2_{ij}$ 为地理空间权重矩阵中的元素，$\mathrm{diag}\left(\dfrac{\overline{y_1}}{\overline{y}}, \dfrac{\overline{y_2}}{\overline{y}}, \cdots, \dfrac{\overline{y_n}}{\overline{y}} \right)$ 为衡量不同空间单元间经济距离的矩阵，$\overline{y_i}$ 为 2005～2020 年第 i 个省份的真实人均 GDP 平均值，$\overline{y}$ 为 2005～2020 年所有省份真实人均 GDP 平均值。

（4）信息空间权重矩阵设定。考虑到信息活动对现代物流业的重要作用，本书在邻接空间权重矩阵、地理空间权重矩阵、经济空间权重矩阵的基础上，创建了符合现代物流业发展特征的地理、经济、信息嵌套的信息空间权重矩阵。作为现代物流业七大基本功能之一，信息化是区别传统物流与现代物流的根本标志。由于互联网、物联网等智慧化物流信息基础设施的推广和应用，某个省份空间辐射的范围以及与其他省份的空间联系强度除了受到经济和地理因素的影响，还受到信息化水平的影响[87,166]。物流信息化是现代物流业发展的基础，是物流业高质量发展的必然要求。一个区域物流业信息化程度高，表现为物流信息及时准确，服务响应速度快，可快速有效整合和配置供应链上下游资源，满足市场波动化需求，进而提高物流业运作效率，降低运作成本，提升产业竞争力。

综上，结合现代物流业发展的信息化特征，本书刻画包含信息化水平的物流空间联系，构建基于地理和经济空间联系的信息距离空间权重矩阵 W4，矩阵中元素有：

$$\omega 4_{ij} = W3_{ij} \times \text{diag}\left(\frac{\overline{f_1}}{\overline{f}}, \frac{\overline{f_2}}{\overline{f}}, \cdots, \frac{\overline{f_n}}{\overline{f}}\right) \tag{4.6}$$

其中，$W3_{ij}$ 为经济距离空间权重矩阵中的元素，$\text{diag}\left(\frac{\overline{f_1}}{\overline{f}}, \frac{\overline{f_2}}{\overline{f}}, \cdots, \frac{\overline{f_n}}{\overline{f}}\right)$ 为衡量不同空间单元间信息化水平差距的矩阵，$\overline{f_i} = \frac{1}{t_1 - t_0 + 1}\sum_{t_0}^{t_1} f_{it}$ 为研究期内第 i 个省份的信息化水平的平均值，$\overline{f} = \frac{1}{t_1 - t_0 + 1}\sum_{i=1}^{n}\sum_{t_0}^{t_1} f_{it}$ 为研究期内所有省区信息化水平的平均值，t_0 和 t_1 分别代表研究期初 2005 年和研究期末 2020 年。信息化水平以人均互联网用户数作为代理变量[167]。在信息距离空间权重矩阵中，信息化水平的差距被引入不同空间单元空间距离的测量中，不同空间单元的空间联系不仅受到地理和经济距离的影响，还受到信息化水平差距的影响。

4.3.2　空间差异性分析

本节采用泰尔指数定量化分析物流业生态效率的区域差异。泰尔指数是经常被用来衡量国家和地区某个属性值差距或者不平衡性的指标[168]。物流业生态效率的总泰尔指数可表示四大区域之间的内部差异和四大区域之间的外部差异。

（1）总泰尔指数分析。泰尔指数 I 可分解为区域内差异 I_w 和区域间差异 I_b [169]，其计算公式分别为：

$$I = \sum_{j}^{m} \sum_{i}^{n_j} \frac{y_{ij}}{y_j} \times \ln\left(\frac{y_{ij}/y_j}{n_j/n}\right) \tag{4.7}$$

$$I_b = \sum_{j}^{m} \frac{y_j}{y} \times \ln\left(\frac{y_j/y}{n_j/n}\right) \tag{4.8}$$

$$I_w = I - I_b \tag{4.9}$$

其中，n 和 m 代表样本个体的总数 30 和样本分组的组数 4，y_{ij} 代表第 j 个区域第 i 个省区物流业生态效率，y_j 和 n_j 代表第 j 个区域的物流业生态效率总和与其所含的省份数。

根据式（4.7）计算 2005～2020 年各年物流业生态效率的总泰尔指数，并根据式（4.8）和式（4.9）计算四大区域内泰尔指数和区域间泰尔指数，各指数变化趋势详见图 4.4。

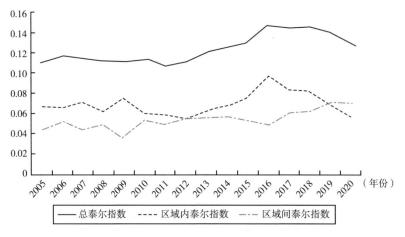

图 4.4　2005～2020 年中国物流业生态效率泰尔指数

从图 4.4 来看，区域内泰尔指数与总泰尔指数走势基本保持一致，都呈现出先升后降的趋势，说明四大区域内物流业生态效率差异先逐步扩大又逐步缩小。四大区域之间的泰尔指数曲线呈现波动上升趋势，说明四大区域之间物流业生态效率差异具有扩大趋势。在 2016～2020 年，区域间泰尔指数呈上升趋势而区域内泰尔指数呈下降趋势，说明四大区域物流业生态效率的外部差异正在逐步成为物流业生态效率区域差异的主要来源。除 2019 年和

2020 年外，四大区域之间的泰尔指数始终低于区域内泰尔指数，说明在四大区域中物流业生态效率的内部差异仍然是造成物流业生态效率区域差异的主要原因。

（2）区域内部泰尔指数分析。从总泰尔指数分析结果来看，区域内部差异是物流业生态效率区域差异的主要来源，故进一步分析物流业生态效率区域内部的泰尔指数。设 I_{w_j} 代表四大区域物流业生态效率的泰尔指数，则有：

$$I_w = \sum_j^m w_j \tag{4.10}$$

$$I_{w_j} = \sum_j^{n_{ij}} \frac{y_j}{y} \times \ln\left(\frac{y_{ij} / y_j}{n_{ij} / n_j}\right) \tag{4.11}$$

利用式（4.10）和式（4.11）分别计算东部、东北部、中部、西部四个区域各自的内部泰尔指数，其变化趋势详见图 4.5。

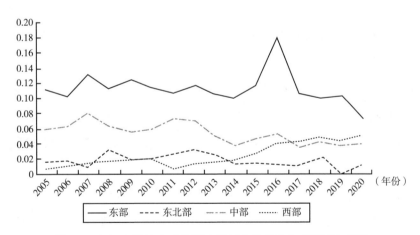

图 4.5　2005～2020 年中国四大区域物流业生态效率泰尔指数

由图 4.5 可见，从数值上看，东部地区内部区域差异最大，其次为中部、东北部和西部，这和物流业生态效率的区域均值排序相同，说明生态效率均值越高，区域内部差异越大。东部区域泰尔指数呈现先平稳、再上升、后下降的趋势，表明物流业生态效率差异呈现先逐步扩大、后快速缩小趋势；东北部泰尔指数在 2005～2011 年呈现平稳趋势，在 2012～2019 年呈现波动下降趋势，而在 2020 年稍有上升，也仅为 0.0116，这说明研究期初期东北部省份物流业生态效率差异相对稳定，但在 2013～2020 年，物流业生态效率差异呈现逐步缩小趋势。中部地区泰尔指数总体呈现两阶段下降趋势，说明中部地区物流业生态效率差异呈现稳定的缩小趋势。西部地区泰尔指数整体呈现明显上升趋势，在 2017 年泰尔指数超过中部，说明西部区域内部物流业生态效率的差异正在逐步扩大。

总体上看，四大区域内部泰尔指数值及其变化趋势各有特点。区域内部差异是造成中国物流业生态效率空间差异的主要原因，生态效率均值越高，区域内部差异越大。东部、东北部、中部区域内部差异呈现缩小趋势，西部呈现扩大趋势。

4.3.3 空间收敛性分析

收敛性一般包括 σ 收敛、β 收敛。物流业生态效率 β 收敛性是指物流业生态效率较低的地区比物流业生态效率较高的地区有更快的发展速度[58]，即物流业生态效率较低的区域存在追赶较高区域的趋势。β 收敛分为绝对 β 和条件 β 收敛，前者未考虑外在的经济水平等因素，而后者则将其考虑其中。本书运用绝对 β 和条件 β 收敛模型来检验物流业生态效率的区域追赶趋势变化。

（1）绝对 β 收敛分析。根据米勒和乌帕德海耶（Miller and Upadhyay）[170] 提出的截面数据绝对 β 收敛回归检验模型，建立 β 收敛的回归表达式为：

$$h = (\ln y_{i,j+T} - \ln y_{ij})/T = \alpha + \beta \ln y_{ij} + \varepsilon_{ij} \tag{4.12}$$

其中，h 为第 i 个省份从 j 时期到 j+T 时期的物流业生态效率增长率均值，T 为间隔时期，α 为回归模型常数项，ε_{ij} 为随机误差。如果 β 值显著为负，说明物流业生态效率较低的省份有追赶物流业生态效率较高省份的趋势，存在绝对 β 收敛。在 β 收敛模型中，收敛速度 θ 及表示低物流业生态效率地区追赶并达到稳定状态所需的时间τ，可利用系数β转换得到，转换公式如下：

$$\theta = -\left[\ln(1+\beta)\right]/T \tag{4.13}$$

$$\tau = \ln(2)/\theta \tag{4.14}$$

其中，T表示研究样本的时间跨度；θ值越大，则τ值越小，说明收敛速度越快，低物流业生态效率地区达到各自稳态所花费时间越短，反之则相反。

根据绝对β收敛模型（4.12）检验全国、东部、东北部、中部和西部物流业生态效率绝对β收敛结果，详见表4.2。

表4.2　　　　　　　　物流业生态效率的绝对β收敛结果

项目	全国	东部	东北部	中部	西部
β	−0.380 *** (0.000)	−0.381 *** (0.000)	−0.354 * (0.003)	−0.314 *** (0.000)	−0.485 *** (0.000)
α	0.249 *** (0.000)	0.344 *** (0.000)	0.166 *** (0.002)	0.238 *** (0.000)	0.204 *** (0.000)
R^2	0.499	0.390	0.553	0.428	0.646
F	104.30 *** (0.000)	34.53 *** (0.000)	10.37 *** (0.002)	17.01 *** (0.000)	50.07 *** (0.000)
θ	2.99%	3.00%	2.73%	2.36%	4.15%
τ	23.20	23.12	25.38	29.43	16.71

注：括号内为显著性水平，*、***分别表示在10%、1%水平下显著。

根据表4.2可知，全国、东部、东北部、中部和西部的β值在1%的显著性水平下为负值，这表明这些区域均存在绝对β收敛，物流业生态效率较低的省份有赶上物流业生态效率较高省份的趋势，全国层面物流业生态效率的差距会缩小。从速度来看，全国层面收敛速度为2.99%，将用23.20年达其稳态水平；西部收敛速度最快，其值为4.15%，用16.71年的时间即可达其稳态水平，说明西部地区追赶趋势最为明显，将最先达到稳态水平。

（2）条件 β 收敛分析。条件 β 收敛模型可分析全国及四大区域物流业生态效率是否根据各自的经济发展、产业结构等条件收敛于各自的稳态水平。根据徐等[171]的研究，建立条件 β 收敛模型如下：

$$k = \ln y_{i,T} - \ln y_{i,T-1} = \alpha + \beta \ln y_{i,T-1} + \varepsilon_{iT} \qquad (4.15)$$

其中，k 为一个 T 期时间间隔内第 i 个省份物流业生态效率增长值，α 为回归模型常数项，ε_{iT} 为随机误差。如果 β 值显著为负值，说明各区域物流业生态效率在各自的稳态水平处收敛。

根据条件 β 收敛模型检验全国、东部、东北部、中部和西部物流业生态效率条件 β 收敛情况，结果详见表 4.3。

表 4.3　　　　　　　　　　　物流业生态效率的条件 β 收敛结果

项目	全国	东部	东北部	中部	西部
β	− 0.424 ** (0.000)	− 0.440 *** (0.070)	− 0.550 *** (0.000)	− 0.303 *** (0.008)	− 0.565 *** (0.000)
α	0.228 *** (0.000)	0.287 *** (0.000)	0.204 *** (0.001)	0.243 *** (0.000)	0.187 *** (0.000)
R^2	0.593	0.423	0.632	0.736	0.584
F	57.21 *** (0.000)	19.84 *** (0.000)	28.34 *** (0.000)	8.61 *** (0.000)	7.93 *** (0.001)
θ	3.45%	3.62%	4.99%	2.26%	5.20%
τ	20.10	19.13	13.89	30.72	13.32

注：括号内为显著性水平，** 、*** 分别表示在 5%、1% 水平下显著。

从表 4.3 可知，全国、东北部、中部和西部的 β 值均在 1% 的显著性水平下为负值，这表明全国、东北部、中部、西部和东部地区均存在条件 β 收敛，物流业生态效率在各自的稳态水平处收敛。从速度来看，全国层面收敛速度为 3.45%，将用 20.10 年时间达到其稳态水平；西部收敛速度最快，其值为 5.20%，用 13.32 年的时间即可达到其稳态水平。

总体来说，中国物流业生态效率在 20 年左右达到稳态水平，实现物流业生态效率的平衡。各区域应结合自身物流业发展的资源禀赋、区位交通条件，实现物流业的节能减排，协同降污减碳，促进物流业生态效率的提升。

4.3.4　空间方向性分析

由于中国不同省份交通区位、资源禀赋存在差异，物流业生态效率在空间分布上具有非均衡性，对其方向性分析可为物流业生态效率提升提供参考。物流业生态效率空间方向性是指其在空间分布上的主导方向和轮廓。标准差椭圆分析方法（standard deviational ellipse，SDE）最早由利菲弗（Lefever）于1926年提出[172]，是揭示经济属性要素空间分布方向的经典方法，能够从全局角度准确直观刻画经济要素的空间方向特征[173,174]。

（1）空间方向分布范围分析。根据2005～2020年中国30个省份物流业生态效率值，利用ArcGIS10.8软件对标准差椭圆的相关参数进行可视化显示，椭圆大小选择可覆盖全国68%的物流业生态效率值的一阶标准差，如表4.4所示。

由表4.4可知，研究期内的标准差椭圆呈现出一定的演变规律，物流业生态效率的标准差椭圆主要覆盖中部和东部地区，说明中部和东部是中国物流业生态效率相对较高的区域。而如果各省份物流业生态效率在各年具有相同的变化速度，那么物流业生态效率的标准差椭圆将保持不变。由于各省份空间位置不会随着年份变化而改变，其参数变化是物流业生态效率的空间非均衡性和提升非均衡性而导致的。

（2）空间方向重心分析。标准差椭圆重心表示经济要素空间分布结构的相对区位。假设一个大区域由若干个小区域组成，$a(x_i, y_i)$ 表示第 i 个小区域的空间中心坐标，这里为30个省份的经纬度坐标，w_i 表示第 i 个省区物流业生态效率数值，为各参数权重值；$P_j(x_j, y_j)$ 表示该大区域的平均重心位置坐标，是该要素空间结构的加权平均中心，计算方法为：

$$P_i(x_j, y_j) = \left(\frac{\sum_{i=1}^{n} w_i x_i}{\sum_{i=1}^{n} w_i}, \frac{\sum_{i=1}^{n} w_i y_i}{\sum_{i=1}^{n} w_i} \right) \qquad (4.16)$$

表 4.4　研究期内中国物流业生态效率空间方向性标准差椭圆

年份	周长 shape-length (km)	面积 shape-area ($10^4 km^2$)	圆心 center-X	圆心 center-Y	圆心所在区域	短轴 (km)	长轴 (km)	方位角	扁率
2005	6287.080	306.441	780628.960	4129775.028	河南漯河	865.281	1127.363	16.450	1.303
2006	6162.827	298.965	787320.497	4170906.860	河南许昌	895.848	1062.327	18.210	1.186
2007	6092.595	291.680	796053.969	4196415.548	河南许昌	879.045	1056.256	16.818	1.202
2008	6038.739	289.296	823994.269	4120435.674	河南驻马店	917.234	1004.002	15.136	1.095
2009	5963.556	280.652	798915.002	4192558.006	河南许昌	877.221	1018.433	19.134	1.161
2010	5979.810	282.174	824773.666	4179868.938	河南漯河	879.449	1021.360	10.469	1.161
2011	5965.182	281.009	822357.395	4160626.896	河南漯河	880.694	1015.704	8.003	1.153
2012	5985.080	283.064	812329.675	4191223.045	河南漯河	886.577	1016.345	15.061	1.146
2013	6014.607	285.493	786434.142	4164322.763	河南许昌	884.960	1026.938	21.879	1.160
2014	5991.938	283.393	829221.515	4174728.856	河南漯河	882.376	1022.370	16.024	1.159
2015	6006.186	284.483	830627.650	4202732.541	河南许昌	880.519	1028.468	19.272	1.168
2016	6072.378	288.884	840008.478	4196267.863	河南许昌	865.833	1062.094	15.331	1.227
2017	5968.350	280.234	843153.035	4195577.996	河南许昌	865.414	1030.790	14.583	1.191
2018	5985.419	281.540	858144.129	4208740.369	河南周口	863.977	1037.315	15.598	1.201
2019	6183.512	297.301	868569.942	4170362.276	河南周口	858.889	1101.878	14.753	1.283
2020	6143.660	293.044	845680.787	4162426.484	河南周口	849.333	1098.319	12.736	1.293

为直观显示物流业生态效率方差椭圆空间重心的演变规律，将各年的椭圆重心进行可视化分析，由表 4.4 可知，除 2008 年外，重心位置在 2005 ~ 2017 年始终位于漯河市和许昌市内，重心整体向东偏北方向移动；2018 ~ 2020 年重心在周口市，总体向东偏南转移，与中国地理几何重心具有较大偏移。物流业生态效率平均重心从 2005 年的（780628.960，4129775.028）位置移动到 2020 年的（845680.787，4162426.484）位置，向东偏移量 65051 远大于向南偏移量 32651，表明物流业生态效率重心东西方向变化大于南北方向变化。总体上，2005 ~ 2020 年中国物流业生态效率平均重心整体呈现波动式向东转移，这可能的原因在于中国不平衡的发展策略和东南沿海地区严苛的环境规制政策[19]。

（3）空间方向方位角分析。空间方向方位角表示经济要素空间分布趋势方向的特征。标准差椭圆方位角计算方法为：

$$\tan\theta = \frac{\left(\sum_{i=1}^{n} w_i^2 x_i^{*2} - \sum_{i=1}^{n} w_i^2 y_i^{*2}\right) + \sqrt{\left(\sum_{i=1}^{n} w_i^2 x_i^{*2} - \sum_{i=1}^{n} w_i^2 y_i^{*2}\right)^2 + 4\left(\sum_{i=1}^{n} w_i^2 x_i^{*} \, y_i^{*2}\right)^2}}{2\sum_{i=1}^{n} w_i^2 \, x_i^{*} \, y_i^{*}}$$

$$(4.17)$$

其中，θ 为椭圆方位角，其数值为正北方向顺时针与特征椭圆的长半轴夹角，x_i^{*} 和 y_i^{*} 表示各省份中心与物流业生态效率平均重心的经纬度偏差。为直观显示物流业生态效率的方位角演变规律，绘制各年标准差椭圆的方位角变化趋势，详见图 4.6。

由图 4.6 可知，在 2005 ~ 2020 年，物流业生态效率标准差椭圆方位角呈现 w 型下降趋势。在 2005 ~ 2011 年，方位角整体呈下降趋势，2011 年方位角达到最小值 8.003°，2013 年方位角达到最大值 21.879°，整体上从 2005 年的 16.450° 下降到 2020 年的 12.736°，标准差椭圆呈逆时针转动，表明物流业生态效率在空间上呈现"东北—西南"走向，且有进一步强化南北方向的趋势。

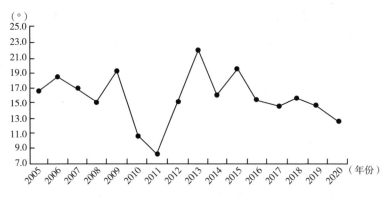

图 4.6　2005~2020 年中国物流业生态效率的方位角变化

4.3.5　空间关联性分析

空间关联性分析可度量物流业生态效率在空间范围内的空间关联和空间分异程度，常用的指标为莫兰指数（Moran's Index）[19,23,107]。全局莫兰指数可度量物流业生态效率在全域 30 个省份范围内的整体空间关联分异特征，而局部莫兰指数可用来度量某个省份物流业生态效率在局部区域内的关联特征。

（1）全局空间关联性分析。运用 ArcGIS10.8 软件，基于全局莫兰指数公式（4.18）来判断在中国全域范围内物流业生态效率是否具有统计上的集聚和分散现象则有：

$$I = \frac{\sum_{i=1}^{n} \sum_{j=1}^{n} w_{ij}(x_i - \bar{x})(x_j - \bar{x})}{s^2 \sum_{i=1}^{n} \sum_{j=1}^{n} w_{ij}} \tag{4.18}$$

其中，n 为省份数量 30，x_i 和 x_j 分别为省份 i 和 j 的物流业生态效率值，w_{ij} 为空间权重矩阵。其中，$s^2 = \frac{1}{n} \sum_{i=1}^{n} (x_i - \bar{x})^2$，$\bar{x} = \frac{1}{n} \sum_{i=1}^{n} x_i$，莫兰指数值在 $-1 \sim 1$ 之间取值，绝对值越大表示各省份物流业生态效率相关性越强，正值表示空间正相关，负值表示空间负相关。

基于邻接空间权重矩阵（W1）、地理空间权重矩阵（W2）、经济空间权
重矩阵（W3）和信息空间权重矩阵（W4），采用 Stata15.1 计算 2005～2020
年物流业生态效率的全局莫兰指数，其变化趋势如图 4.7 所示。

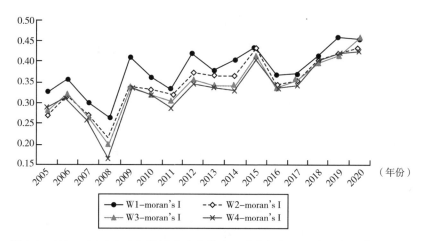

图 4.7　2005～2020 年中国物流业生态效率四种空间权重矩阵下全局莫兰值变化

从图 4.7 可以看出，四种空间权重矩阵下的全局莫兰指数整体上保持一
致的走势。比较四种空间权重矩阵下的莫兰指数数值，邻接空间权重矩阵
W1 下的莫兰指数值最高，其次是地理空间权重矩阵；信息空间权重矩阵 W4
下的莫兰指数值最低，其次是经济空间权重矩阵。从莫兰值波动趋势上看，
整体可分为三个阶段。在 2005～2009 年，四种空间权重矩阵下物流业生态
效率的空间莫兰值呈现猛烈波动趋势，2008 年，莫兰值均达到最低值；
2009～2015 年，四种空间权重矩阵下莫兰值呈现波动性平稳上升趋势；而
在 2015～2020 年，四种空间权重矩阵下莫兰值又呈现猛烈波动趋势，均在
2017 年达到最低值。总体上来看，研究期内物流业生态效率的全局莫兰值呈
现上升趋势，表明其全局空间集聚性在显著增强。

（2）局部空间关联性分析。虽然全局莫兰指数能够评估物流业生态效率
的整体空间聚集情况，但它不能识别特定空间单元及其相邻单元的空间相关
模式。基于局部莫兰指数公式（4.19）来衡量物流业生态效率的局部空间关
联分布特征则有：

$$I_i = \frac{n(x_i - \bar{x}) \sum\limits_{j=1}^{k} w_{ij}(x_j - \bar{x})}{\sum\limits_{i=1}^{n} (x_i - \bar{x})^2} (i \neq j) \qquad (4.19)$$

其中，x_i和x_j分别为省份 i 和 j 的物流业生态效率值，k 为某一区域相邻单元的个数，n 为空间单元数，w_{ij}为空间权重矩阵。局部I_i指数值为正，表示同类型属性值的省份相邻近，负值表示不同类型属性值的省区相邻近。根据 LISA（local indicators of spatial association）集聚图可将省份集聚分为"高—高"集聚（H－H）、"高—低"集聚（H－L）、"低—高"集聚（L－H）、"低—低"集聚（L－L）四种集聚模式。若某省份I_i的值显著为正且该省份标准化后的属性值大于 0，表示该省份和周围的省份属性值均高于样本省份平均水平，属"高—高"集聚；若某省份I_i的值显著为正且该省份标准化后的属性值小于 0，表示某个省份和周围的省份属性值均低于样本省份平均水平，属"低—低"集聚；若某省份I_i的值显著为负且该省份标准化后的属性值大于 0，表示周围的省份属性值低于样本省份平均水平，属"高—低"集聚；若某省份I_i的值显著为负且省份标准化后的属性值小于 0，表示周围的省属性值高于样本省平均水平，属"低—高"集聚。

基于邻接空间权重矩阵（W1）、地理空间权重矩阵（W2）、经济空间权重矩阵（W3）和信息空间权重矩阵（W4）四种空间权重矩阵，根据局部莫兰指数计算公式，分别对 2005～2020 年物流业生态效率的局部莫兰指数进行测算。由于信息空间权重矩阵更符合物流业运作实际的物流联系情况，为了更直观地展示局部莫兰值测算结果，利用 ArcGIS 软件绘制了 2005 年、2010 年、2015 年、2020 年四个特征年份在信息空间权重矩阵下的莫兰散点空间分布情况，如表 4.5 所示。

由表 4.5 可以看出，在信息空间权重矩阵下，物流业生态效率集聚模式多为"高—高"和"低—低"集聚模式，"低—高"集聚和"高—低"集聚模式的省份数量较少。2005 年和 2010 年表现为南北格局，而在 2015 年和 2020 年表现为东西格局。总体上，"高—高"集聚多集中在东南沿海地区，而"低—低"集聚多集中在西部内陆地区，表明中国物流业生态效率在局部上具有显著的空间关联特征。

表4.5 信息空间权重矩阵（W4）下典型年份中国物流业生态效率
LISA 散点分布

省份	2005 年	2010 年	2015 年	2020 年
北京	H－H	H－H	H－H	H－H
天津	H－H	H－H	H－H	H－H
河北	H－H	H－H	H－H	H－H
山西	H－H	H－H	H－H	H－H
内蒙古	H－H	H－H	H－H	H－L
辽宁	L－H	L－H	L－H	L－H
吉林	H－L	H－L	L－L	L－L
黑龙江	L－H	L－H	L－L	L－H
上海	H－L	H－L	H－L	H－L
江苏	L－L	L－L	H－H	H－H
浙江	L－L	L－L	H－H	H－H
安徽	H－L	H－L	L－H	L－H
福建	L－L	L－L	L－H	L－H
江西	L－L	L－L	L－L	L－H
山东	L－H	L－H	H－H	H－H
河南	H－H	H－H	L－H	L－H
湖北	L－L	L－L	L－L	L－L
湖南	L－L	L－L	L－L	L－L
广东	L－L	L－L	H－H	H－L
广西	L－L	L－L	L－L	L－L
海南	L－L	L－L	L－L	L－H
重庆	L－L	L－L	L－L	L－L
四川	L－L	L－L	L－L	L－L
贵州	H－L	H－L	L－L	L－L

省份	2005 年	2010 年	2015 年	2020 年
云南	L – L	L – L	L – L	L – L
陕西	H – H	H – H	H – L	H – L
甘肃	H – H	H – H	L – L	L – L
青海	H – H	H – L	L – L	L – L
宁夏	H – H	H – H	L – L	L – H
新疆	L – H	L – H	L – L	L – L

4.4　本章小结

本章根据狭义视角资源环境约束下物流业发展质量内涵界定，选取生态效率作为测度和研究对象。主要研究内容和结论如下。

（1）基于 Super-SBM-Undesirable 模型构建物流业生态效率测度框架，对2005～2020 年中国 30 个省份物流业生态效率及其分解的纯技术和规模效率进行测度。结果表明，物流业生态效率平均值为 0.6351，总体呈现上升趋势，纯技术效率提升是物流业生态效率提升的关键；区域呈现东部（0.8714）—中部（0.7373）—东北部（0.4531）—西部（0.4147）阶梯下降态势，西部地区生态效率提升依赖于规模效率，其他区域依赖于纯技术效率；依赖于纯技术效率，上海物流业发展质量最高，其次为天津，其值分别为 1.2905 和 1.2567；依赖于纯技术效率和规模效率，云南物流业发展质量最低，其次为青海，其值分别为 0.2842 和 0.3379。

（2）基于总体和区域泰尔指数的空间差异性分析表明，区域内部差异是造成中国物流业生态效率空间差异的主要原因，且区域生态效率均值越高，内部差异越大；东部、东北部、中部区域内部差异呈现缩小趋势，西部呈现扩大趋势。

（3）基于绝对 β 和条件 β 收敛模型的空间收敛分析表明，中国及四大区域物流业生态效率均存在收敛趋势，随着时间的推移，中国及四大区域间物流业生态效率将趋于稳态，全国层面低物流业生态效率省份追赶上高物流业生态效率省份并达到各自稳态水平所需的时间大约为20年。

（4）基于标准差椭圆的重心、方位角等参数分析中国物流业生态效率的空间方向性，结果表明，中国物流业生态效率呈现稳定的"东北—西南"走向，且有进一步强化南北方向的趋势，空间重心持续向东部转移。

（5）基于信息等四种权重矩阵的空间关联性分析表明，中国物流业生态效率具有显著的正向全局空间相关性，且相关性越来越强；"高—高"集聚和"低—低"集聚是其主要局部空间集聚模式，集聚状态由南北格局演变为东西格局，高值集聚状态多集中在东南沿海地区，低值集聚状态多集中在西部内陆地区。

广义视角资源环境约束下中国物流业发展质量的测度及空间特征——基于 PSVR 模型

　　狭义与广义物流业发展质量是必要非充分的关系，本章即从全面综合视角，对资源环境约束下中国物流业发展质量进行测度和分析。首先，本章基于 PSVR 模型构建涵盖 4 个维度层、12 个准则层和 30 个指标层的广义视角资源环境约束下物流业发展质量的综合测度体系；其次，运用纵横向拉伸档次法对 2005～2020 年中国 30 个省份广义物流业发展质量及其 PSVR 分维度值进行测度；再次，从全国、区域、省域三个层面分析广义物流业发展质量及其分维度特征；最后，从空间差异性、空间收敛性、空间方向性、空间关联性等对广义物流业发展质量空间特征进行刻画，并与狭义视角物流业发展质量进行对比。

5.1　基于 PSVR 模型的广义物流业发展质量测度体系

5.1.1　测度指标体系构建

　　基于第 2 章 2.3 节 PSVR 模型的分析，结合测度指标筛选的目的性、科学性、可操作等原则，构建广义视角资源环境约束下物流业发展质量测度指标体系。以广义视角资源环境约束下物流业发展质量为一级目标层，资源环境约束下物流业发展压力、资源环境约束下物流业发展状态、资源环境约束下物流业发展价值、资源环境约束下物流业发展响应为二级维度层，经济压力等 12 个三级指标构成准则层，由人均物流业增加值等 30 个指标构成四级指标层。按照指标层对维度层所起的作用，定义逆向作用的指标属性为负，正向作用的指标属性为正。指标体系详见表 5.1。

表 5.1　广义视角资源环境约束下物流业发展质量测度指标体系

一级目标层	二级维度层	三级准则层	四级指标层	衡量方式	单位	属性
广义视角资源环境约束下物流业发展质量	压力（P）	经济压力	人均物流业增加值	物流业增加值/常住人口	亿元/人	正
		供给压力	人均民用货车拥有量	民用货车拥有量/常住人口	万辆/人	正
			邮政业网点密度	邮政业网点数量/国土面积	处/平方公里	正
			运输线路密度	铁公水里程总和/国土面积	万公里/平方公里	正
		需求压力	货运周转量增长率	货运周转量较上年的增长百分数	%	正
			人均快递量	快递量/常住人口	件/人	正
	状态（S）	资源状态	单位物流业增加值能耗	物流业能源消耗量/物流业增加值	万吨标准煤/亿元	负
			单位物流业增加值固定资产投入	物流业固定资产投资额/物流业增加值	亿元/亿元	负
			单位物流业增加值人力资源投入	物流业劳动力数量/物流业增加值	百人/亿元	负
		环境状态	单位物流业增加值 CO_2 排放量	物流业 CO_2 排放量/物流业增加值	万吨/亿元	负
			单位物流业增加值 SO_2 排放量	物流业 SO_2 排放量/物流业增加值	万千克/亿元	负
			单位物流业增加值 NO_x 排放量	物流业 NO_x 排放量/物流业增加值	万千克/亿元	负

续表

一级目标层	二级维度层	三级准则层	四级指标层	衡量方式	单位	属性
广义视角资源环境约束下物流业发展质量	状态（S）	环境状态	单位物流业增加值 $PM_{2.5}$ 排放量	物流业 $PM_{2.5}$ 排放量/物流业增加值	万千克/亿元	负
			单位物流业增加值 PM_{10} 排放量	物流业 PM_{10} 排放量/物流业增加值	万千克/亿元	负
		社会状态	人均交通事故发生数	交通事故发生数量/常住人口	起/人	负
	价值（V）	经济价值	物流业对第一产业的贡献	物流业增加值增量/第一产业增加值增量	%	正
			物流业对第二产业的贡献	物流业增加值增量/第一产业增加值增量	%	正
			物流业对第三产业的贡献	物流业增加值增量/第一产业增加值增量	%	正
		环保潜力	物流业能源消耗比例	该地区物流业能源消耗量/该地区能源消耗总量	%	负
			物流业 CO_2 排放比例	该地区物流业 CO_2 排放量/该地区 CO_2 排放总量	%	负
			物流业 SO_2 排放比例	该地区物流业 SO_2 排放量/该地区 SO_2 排放总量	%	负
			物流业 NO_x 排放比例	该地区物流业 NO_x 排放量/该地区 NO_x 排放总量	%	负
			物流业 $PM_{2.5}$ 排放比例	该地区物流业 $PM_{2.5}$ 排放量/该地区 $PM_{2.5}$ 排放总量	%	负
			物流业 PM_{10} 排放比例	该地区物流业 PM_{10} 排放量/该地区 PM_{10} 排放总量	%	负
		社会价值	物流业就业比例	该地区物流业就业人数/该地区全部就业人数	%	正

续表

一级 目标 层	二级 维度 层	三级 准则层	四级指标层	衡量方式	单位	属性
广义 视角 资源 环境 约束 下物 流业 发展 质量	响应 （R）	污染 控制	清洁能源使用	物流业天然气和电力能源消耗量/ 物流业能源消耗总量	%	正
			运输结构调整	铁路货运量/全部货运量	%	正
		产业 进步	物流服务专业化	（该省区物流业增加值/该省区 GDP 总量）/（全国物流业增加值/ 全国 GDP 总量）	—	正
			物流产业集聚度	（该省区物流业从业人数/该省区 所有产业从业人数）/（全国物流 业从业人数/全国所有产业从业 人数）	—	正
		效率 提升	物流生产效率	货运量/从业人数	吨/人	正

5.1.2　基础数据及计算说明

（1）测度指标基础数据来源。2005～2020 年中国 30 个省份的物流业增加值及其增加值指数，货运量、货运周转量、快递量、民用货车拥有量、邮政业网点数量、铁路营业里程、高速公路里程、一级公路里程、内河航道里程、事故发生数、常住人口、国民经济增加值及其增加值指数、第一、第二、第三产业增加值及其增加值指数，全部产业就业人口数来自 2006～2021 年《中国统计年鉴》。2005～2020 年中国 30 个省份各类能源消耗数据及物流业各类能源消耗量数据来自 2006～2021 年《中国能源统计年鉴》。2005～2020 年中国 30 个省份物流业就业人口数据来自《中国第三产业统计年鉴》。各省份国土面积来自《中国城市统计年鉴》（2018）。缺失数据采用差值法补齐。

（2）指标数据计算说明。2005～2020 年中国 30 个省份总体能源消耗量，CO_2、SO_2、NO_X、$PM_{2.5}$ 和 PM_{10} 颗粒物计算方法参考物流业计算方法。物流业能源消耗量，CO_2、SO_2、NO_X、$PM_{2.5}$ 和 PM_{10} 颗粒物排放量等数据来自本书第 3 章 3.2 节计算结果。物流业固定资产总额和从业人数数据来自本书第 4 章 4.1 节计算结果。其他指标数据计算说明如下。

①增加值。物流业增加值，第一、第二、第三产业增加值，国民经济增加值数据均是以 2004 年为基期，根据相应增加值指数平减计算得出其不变价格作为测度指标中数据。

②从业人数。各省区所有从业人数为所有产业城镇单位就业人员与所有产业私营企业和个体就业人员的和。

③铁公水里程总和。考虑不同运输线路的运输能力有所差异，将高速公路里程和内河航道里程设定为 1，铁路营业里程按 2 倍折合为运输里程，而一级公路里程按 0.5 倍折合为运输里程[175]。将折合后的运输里程加总计算得出铁公水里程总和。

④物流生产效率。以货运量除以物流业从业人数作为物流生产效率[135]。

5.1.3 测度方法选择及过程

（1）方法选择。广义视角资源环境约束下物流业发展质量的测度涉及 2005～2020 年中国 30 个省份的 30 个计算指标，是基于面板数据的多指标综合评价问题。该类评价问题最为关键的工作是确定各评价指标的权重系数。层次分析法、主成分分析法、模糊综合评价法、Topsis 综合评价法是截面数据的赋权方法，不适用于面板数据。郭亚军[176]提出了基于面板数据的确定动态权重系数的纵横向拉伸档次法。该方法既可体现横向上各时间节点评价指标系统之间的差异，又可体现各评价指标系统之间纵向上的分散聚集情况，适用于面板数据的多指标赋权。

对于面板数据的"时序立体数据"，纵横向拉伸档次法计算得出的权重系数虽然不直接显示时序变化，但由于时序立体数据支持表的自带隐藏关系，与时序变化有很大关联性，可从指标评价系统整体层面最大程度体现各指标和时序在纵横向上的差异。为此，本书采用纵横向拉伸档次法作为确定广义资源环境约束下物流业发展质量权重的方法，以便从 PSVR 四个维度测度分析物流业发展质量。

（2）纵横向拉伸档次法确定权重原理及步骤。本书梳理了纵横向拉伸档次法步骤，并通过 Stata 编写了相应程序，详见附件。其确定权重原理及步骤如下。

①原始数据标准化处理。将 2005～2020 年中国 30 个省份 30 个指标数据进行无量纲化处理。极差法标准化处理公式为：

$$R_{if}(T_j) = \frac{R_{if}^*(T_j) - \min_f}{\max_f - \min_f}，R_{if}^*(T_j) \text{为正向指标} \tag{5.1}$$

$$R_{if}(T_j) = \frac{\max_f - \min_f}{\max_f - R_{if}^*(T_j)}，R_{if}^*(T_j) \text{为负向指标} \tag{5.2}$$

其中，$R_{if}^*(T_j)$ 为在时期 T_j 的第 i 个省区的第 f 个指标，$R_{if}(T_j)$ 为标准化处理后的指标数据，maxf 和 minf 分别为第 f 个指标的最大值和最小值。

②建立时序立体数据表。将 2005～2020 年 30 个省份 30 组标准化后的指标数据以时序立体数据列出，详见表 5.2。

表 5.2　　　　　　　　　纵横向拉伸档次法时序立体数据表

省份	T_1		T_2		…	T_k	
	$R_1 R_2 \cdots R_n$		$R_1 R_2 \cdots R_n$		…	$R_1 R_2 \cdots R_n$	
P_1	$R_{11}(T_1) R_{12}(T_1) \cdots R_{1n}(T_1)$		$R_{11}(T_2) R_{12}(T_2) \cdots R_{1n}(T_1)$		…	$R_{11}(T_k) R_{12}(T_k) \cdots R_{1n}(T_k)$	
P_2	$R_{21}(T_1) R_{22}(T_1) \cdots R_{2n}(T_1)$		$R_{21}(T_2) R_{22}(T_2) \cdots R_{2n}(T_1)$		…	$R_{21}(T_k) R_{22}(T_k) \cdots R_{2n}(T_k)$	
…	…		…		…	…	
P_m	$R_{m1}(T_1) R_{m2}(T_1) \cdots R_{mn}(T_1)$		$R_{m1}(T_2) R_{m2}(T_2) \cdots R_{mn}(T_2)$		…	$R_{m1}(T_k) R_{m2}(T_k) \cdots R_{mn}(T_k)$	

表 5.2 中，P、T、R 分别代表评价系统的各区域、各评价时期、各评价指标；m、k、n 分别代表评价系统里省份总数 30、时期总数 16、指标总数 30。

③构造实对称矩阵 H 和 H_j。实对称矩阵 H_j 和 H 的表达式为：

$$H_j = B_j^T B_j, j = 1, 2, \cdots, 16 \tag{5.3}$$

$$H = \sum_{j=1}^{k} H_j, j = 1, 2, \cdots, 16 \tag{5.4}$$

其中，在式（5.3）中B_j的表达式为：

$$B_j = \begin{pmatrix} R_{11}(T_j)\,R_{12}(T_j)\cdots R_{1n}(T_j) \\ R_{21}(T_j)\,R_{22}(T_j)\cdots R_{2n}(T_j) \\ \cdots \\ R_{m1}(T_j)\,R_{m2}(T_j)\cdots R_{mn}(T_j) \end{pmatrix}, j = 1,2,\cdots,16 \tag{5.5}$$

④求解 H 的最大特征值和标准特征向量。设定$y_i(t_j)$ 为评价值函数，其表达式为：

$$y_i(t_j) = \sum d_f\, R_{if}(t_j), i = 1,2,\cdots,30; j = 1,2,\cdots,16 \tag{5.6}$$

为了使得时序立体数据表中的各评价对象的整体差异最大化，应取评价指标权重系数$d_f(f=1,2,\cdots,30)$使得最终评价值的总离差平方和最大，总离差平方和表达式为：

$$\sigma^2 = \sum_{j=1}^{k} \sum_{i=1}^{m} \left[\, y_i(t_j) - \overline{y}\,\right]^2 \tag{5.7}$$

由于使用纵横向拉伸档次法需要对原始数据进行标准化处理，所以$\overline{y} = \dfrac{1}{k}\sum_{j=1}^{k}\left[\dfrac{1}{m}\sum_{i=1}^{m}\sum_{f=1}^{n} d_f\, R_{if}(t_j)\right] = 0$，因此：

$$\sigma^2 = \sum_{j=1}^{k} \sum_{i=1}^{m} \left[\, y_i(t_j)\,\right]^2 = \sum_{j=1}^{k}\left[\, D^T H_j D\,\right] = D^T \sum_{j=1}^{k} H_j D \tag{5.8}$$

其中，$D = (d_1, d_1, \cdots, d_f)^T$。此时，由 Frobinius 定理可知，若$\sigma^2$取最大值，应取 D 为 H 矩阵最大特征值对应的特征向量。

⑤求权重系数向量。根据 H 矩阵的最大特征值 λ_{max} 和对应的特征向量 A_{max}，当H_j的元素大于 0 时，必有 H 的元素大于 0，且有经过归一化处理后的正的权重系数 D 向量。

⑥计算广义资源环境约束下中国物流业发展质量值及其分维度值。广义物流业发展质量计算方法为：

$$\mathrm{psvr}_i(t_j) = \sum_{f=1}^{30} d_f R_{if}(t_j) \quad i = 1,2,\cdots,30; j = 1,2,\cdots,16 \quad (5.9)$$

其中，$\mathrm{psvr}_i(t_j)$ 为第 i 个省份 j 时期资源环境约束下物流业发展质量数值；基于 PSVR 模型的广义资源环境约束下物流业发展质量由发展压力、发展状态、发展价值、发展响应四个维度组成，其关系模型为：

$$\mathrm{psvr}_i(t_j) = f[p_i(t_j), s_i(t_j), v_i(t_j), r_i(t_j)] \quad (5.10)$$

其中，$p_i(t_j)$、$s_i(t_j)$、$v_i(t_j)$、$r_i(t_j)$ 分别代表第 i 个省份 j 时期资源环境约束下物流业发展压力数值、发展状态数值、发展价值数值、发展响应数值，并分别用式（5.11）~式（5.14）求解：

$$p_i(t_j) = \sum_{f=1}^{n_p} d_{pf} \times R_{ipf}(t_j) \quad (5.11)$$

$$s_i(t_j) = \sum_{f=1}^{n_s} d_{sf} \times R_{isf}(t_j) \quad (5.12)$$

$$v_i(t_j) = \sum_{f=1}^{n_v} d_{vf} \times R_{ivf}(t_j) \quad (5.13)$$

$$r_i(t_j) = \sum_{f=1}^{n_r} d_{rf} \times R_{irf}(t_j) \quad (5.14)$$

其中，n_p 为压力指标的个数，这里为 6；n_s 为状态指标的个数，这里为 9；n_v 为价值指标的个数，这里为 10；n_r 为响应指标的个数，这里为 5。d_{pf} 代表第 f 个压力指标的权重值，d_{sf} 代表第 f 个状态指标的权重值，d_{vf} 代表第 f 个价值指标的权重值，d_{rf} 代表第 f 个响应指标的权重值，$R_{ipf}(t_j)$、$R_{isf}(t_j)$、$R_{ivf}(t_j)$、$R_{irf}(t_j)$ 为各维度标准化后的指标值。

（3）广义视角资源环境约束下物流业发展质量测算过程。根据广义视角资源环境约束下物流业发展质量动态综合评价方法，对 2005 ~ 2020 年 30 个省份物流业发展质量指标权重进行确定，其测算过程为：

第一步是对评价指标数据进行极差法标准化处理。

第二步是建立标准化后的时序立体数据表。

第三步根据式（5.5）求 2005 年截面数据对应的 B_1，根据式（5.3）求

出对应的 H_1，然后依次循环求出 2006～2020 年所有年份的 H_j，并根据式（5.4）求出 H。

第四步求解实对称矩阵 H 的最大特征值对应的特征向量。

根据纵横向拉伸档次法原理第四步求得 H 矩阵的最大特征值 λ_{max} 为 4901.5575，对应特征向量 A_{max} 为：

$$A_{max} = \begin{pmatrix} 0.154406, 0.129039, 0.197019, 0.158562, 0.057343, 0.284117, \\ 0.126615, 0.136101, 0.135511, 0.127186, 0.138902, 0.128855, \\ 0.133184, 0.140189, 0.133567, 0.053401, 0.058857, 0.061745, \\ 0.131675, 0.134931, 0.141950, 0.126930, 0.132710, 0.135535, \\ 0.131080, 0.328782, 0.223867, 0.263133, 0.263476, 0.468772 \end{pmatrix}^T$$

第五步对特征向量 A_{max} 进行归一化处理。

通过对特征向量进行归一化处理，求得权重向量 D 为：

$$D = \begin{pmatrix} 0.031919, 0.026675, 0.040728, 0.032778, 0.011854, 0.058733, \\ 0.026174, 0.028135, 0.028013, 0.026292, 0.028714, 0.026637, \\ 0.027532, 0.02898, 0.027611, 0.011039, 0.012167, 0.012764, \\ 0.02722, 0.027893, 0.029344, 0.026239, 0.027434, 0.028018, \\ 0.027097, 0.067966, 0.046278, 0.054395, 0.054466, 0.096905 \end{pmatrix}^T$$

D 向量对应为广义物流业发展质量各指标的权重，详见表5.3。

表5.3　　　广义视角资源环境约束下物流业发展质量测度指标权重

一级目标层	二级维度层	三级准则层	四级指标层	指标层权重
广义视角资源环境约束下物流业发展质量（权重1.0）	压力（P）（权重0.202687）	经济压力（权重0.031919）	人均物流业增加值	0.031919
		供给压力（权重0.100181）	人均民用货车拥有量	0.026675
			邮政业网点密度	0.040728
			运输线路密度	0.032778
		需求压力（权重0.070587）	货运周转量增长率	0.011854
			人均快递量	0.058733

续表

一级 目标层	二级维度层	三级准则层	四级指标层	指标层权重
广义视角资源环境约束下物流业发展质量（权重 1.0）	状态（S） （权重 0.248088）	资源状态 （权重 0.082322）	单位物流业增加值能耗	0.026174
			单位物流业增加值固定资产投入	0.028135
			单位物流业增加值人力资源投入	0.028013
		环境状态 （权重 0.138155）	单位物流业增加值 CO_2 排放量	0.026292
			单位物流业增加值 SO_2 排放量	0.028714
			单位物流业增加值 NO_X 排放量	0.026637
			单位物流业增加值 $PM_{2.5}$ 排放量	0.027532
			单位物流业增加值 PM_{10} 排放量	0.02898
		社会状态 （权重 0.027611）	人均交通事故发生数	0.027611
	价值（V） （权重 0.229215）	经济价值 （权重 0.035970）	物流业对第一产业的贡献	0.011039
			物流业对第二产业的贡献	0.012167
			物流业对第三产业的贡献	0.012764
		环保潜力 （权重 0.166148）	物流业能源消耗比例	0.02722
			物流业 CO_2 排放比例	0.027893
			物流业 SO_2 排放比例	0.029344
			物流业 NO_X 排放比例	0.026239
			物流业 $PM_{2.5}$ 排放比例	0.027434
			物流业 PM_{10} 排放比例	0.028018
		社会价值 （权重 0.027097）	物流业就业比例	0.027097
	响应（R） （权重 0.32001）	污染控制 （权重 0.114244）	清洁能源使用	0.067966
			运输结构调整	0.046278
		产业进步 （权重 0.108861）	物流服务专业化	0.054395
			物流产业集聚度	0.054466
		效率导向 （权重 0.096905）	物流生产效率	0.096905

　　从表 5.3 中二级维度层权重分配情况来看，压力指标权重最小，为 0.202687，价值指标权重次之，为 0.229215；而响应指标权重最大，为

0.32001，状态指标权重次之，为 0.248088。这与中国物流业发展的实际情况也比较相符。随着中国物流业发展规模的日益壮大，压力指标促进了中国物流业的发展，且受边际效应影响，压力指标的数据变化程度也在逐步减小。物流业价值指标中环保潜力指标为逆指标，抵消了物流业对经济社会的贡献，因此，价值指标的权重相对较小。而随着中国生态环境保护政策的实施，污染控制、专业化等响应措施对中国物流业发展质量的影响日益凸显，因此，响应指标的权重相对较大。状态指标均为逆指标，反映了中国物流业发展对资源环境约束的负向影响状态，由于物流业长期的粗放式发展，该项状态指标权重也相对较大。

5.2 广义物流业发展质量 PSVR 分维度特征分析

基于广义视角资源环境约束下物流业发展质量测度体系，测算 2005 ~ 2020 年中国 30 省份广义物流业发展质量及其分维度值，并从全国、区域、省域层面进行分析。

5.2.1 全国层面分析

根据 2005 ~ 2020 年中国广义物流业发展质量及其 PSVR 分维度测算结果，绘制中国物流业发展质量的 PSVR 分解情况图，详见图 5.1。

从静态趋势看，2005 ~ 2020 年中国广义物流业发展质量年平均值为 0.1811，其中，发展响应值和发展压力值达到 0.0570 和 0.0543，分别占比 31.47% 和 29.98%，发展价值和发展状态分别占比 20.16% 和 18.39%。发展响应占据的比例最大，说明近年来物流业在污染控制、产业进步、生态效率提升等方面成效突出。早在 2014 年国务院印发的《物流业发展中长期规划（2014 - 2020 年）》中就对物流业节能减排作出过明确部署，提出要提高铁路和水路的运输比例，加速淘汰企业国三及以下排放标准营运柴油货车。

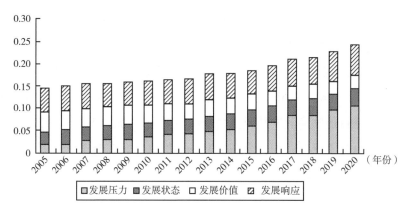

图5.1 2005~2020 年广义视角资源环境约束下中国物流业发展质量 PSVR 分解堆积图

从动态趋势看，广义物流业发展质量呈现总体上升趋势，从 2005 年的 0.1447 上升到 2020 年的 0.2432，2020 年比 2005 年物流业发展质量提升了 68.07%；这和狭义视角物流业发展质量"从 2005 年的 0.5590 上升到 2020 年的 0.6931，总体提升了 23.99%"的情形相比，提升幅度相对较大。这可能与狭义物流业发展质量是基于投入产出的生态效率来表征的"相除"指标，而广义物流业发展质量是产业规模等综合情况来表征的"相加"指标有关。

分维度来看，发展压力、发展状态、发展价值及发展响应分别呈现出不同的趋势特点。其中，发展压力上升幅度较大，从 2005 年的 0.0181 上升到 0.1077，提升幅度达到 495.03%，在 15 年间达到近 5 倍的提升幅度。相对地，发展状态呈现小幅上升趋势，发展价值呈小幅度下降趋势，而发展响应总体呈现先平衡后小幅上升趋势。

可以认为，广义视角资源环境约束下中国物流业发展质量的上升依赖于物流业发展压力，而发展价值贡献较小。物流业发展压力增加可能与物流业产业规模、物流供需市场的井喷式增长有关。从 2006 年 3 月，物流业在《国民经济和社会发展第十一个五年规划纲要》中被确立了产业地位开始，物流业发展就受到了政府和企业层面的高度重视，物流产业规模不断扩大，物流企业的集中度不断提高，铁路、高速公路、物流园区等物流基础设施建设被快速推进。中国物流与采购联合会发布的《全国物流园区调查报告》显示，2006 年我国规划、在建、运营的物流园区有204个，已经建成的只有24%，而到了2018年，物流园区数已达到1638个。相对地，发展价值呈下降趋势，说明物流业对经济增长和社会的贡献正在被物流业的环保"负"贡献所抵消，中国物流业高能耗、高污染、高排放发展形势依然严峻。值得注意的是，物流业发展压力虽然是目前物流业发展质量增长最主要的动力，但依靠基础设施投资提升发展质量是不可持久的，需在提升发展价值、发展响应方面下功夫。

5.2.2 区域层面分析

根据2005～2020年中国广义物流业发展质量及其PSVR分维度测算结果，绘制中国四大区域物流业发展质量的PSVR分解情况图，详见图5.2。

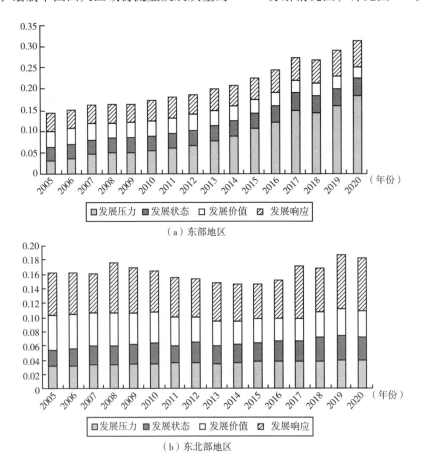

（a）东部地区

（b）东北部地区

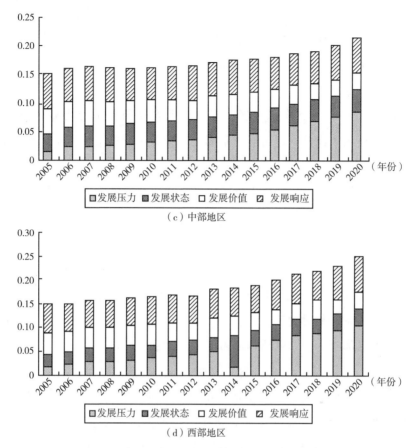

（c）中部地区

（d）西部地区

图 5.2　2005～2020 年中国四大区域广义视角资源环境约束下物流业发展质量 PSVR 分解堆积图

从图 5.2 可以看出，2005～2020 年东部区域广义物流业发展质量平均值为 0.2104，明显高于西部地区平均值 0.1848，其次高于中部地区的 0.1754 和东北部地区的 0.1637，总体呈现东部—西部—中部—东北部阶梯下降态势。这和狭义物流业发展质量所呈现东部—中部—东北部—西部阶梯下降态势有一定区别。尤其是西部地区，其狭义物流业发展质量排名第四，而其广义物流业发展质量排名第二。考虑到狭义物流业发展质量是基于投入产出的生态效率来表征的指标，当投入和非期望产出多而期望产出少时将会出现效率低下的情形。可以认为，西部地区在考虑物流业发展指标总体情况"相加"时表现突出，而考虑投入产出指标"相除"时表现并不出色。由此判断，西部地区物流业投入已处于近乎饱和的状态，增加物流业投入对期望产出的增加并不明显，应该考虑在不增加投入的情况下改进其产出的松弛变量，实现发展质量提升。

从图 5.2（a）看，东部地区广义物流业发展质量呈现明显上升趋势，发展压力占据最大比例。这可能与东部地区物流业规模增长和需求市场扩大有关。东部地区在改革开放后获得了国家政策等方面的优先支持，又靠近出海口，具有发展对外贸易的先天优势。经济的快速发展创造了大量的物流需求，也带动了物流供应市场，使得发展压力高于全国平均值。

从图 5.2（b）看，东北部地区广义物流业发展质量大致呈现先下降后上升趋势，发展响应占据最大比例。这可能与其环境规制政策实施以及良好的运输结构有关。东北地区是老工业基地，制造企业以国有大型企业为主，企业规模大，管理相对规范；以煤炭、粮食、石油化工、汽车制造、装备制造为制造产品体系的大宗铁路物流占据较大比重。

从图 5.2（c）看，中部地区广义物流业发展质量呈现小幅上升趋势，发展压力占据比例最大而发展价值比例最小。这可能与物流基础设施建设、产业规模扩大有关。中部处在连东贯西、辐射南北的地理位置上，高速公路、物流网点建设受国家政策扶持力度较大。随着中部崛起战略的实施，中部地区成为东部产业转移的最佳选择，经济发展和制造产业规模日趋扩大。相对地，中部地区便捷的高速路网加大了公路运输比例，加剧了重型货车的高污染、高排放，抵消了物流业对经济和社会的正向价值，故其发展价值占据比例较小。

从图 5.2（d）看，西部地区广义物流业发展质量增长幅度较大，发展压力占据比例最大。这可能与西部地区的物流基础设施建设有关。西部地区拥有煤炭、石油、有色金属等丰富的矿产资源，还有绿洲、昼夜温差较大等丰富的农业种植条件，农产品资源丰富。随着西部大开发战略实施，西部资源输入到中东部为西部物流业提供了巨大物流需求，从而带动了铁路、公路、物流园区等物流设施建设。

5.2.3 省域层面分析

根据 2005~2020 年广义物流业发展质量及其 PSVR 分维度测算结果，绘制中国 30 个省份广义发展质量的 PSVR 分解情况图，详见图 5.3。

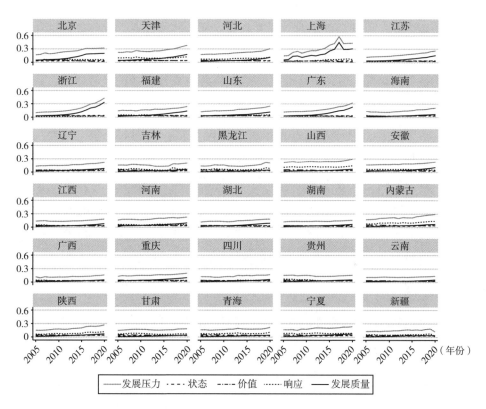

图 5.3 2005~2020 年中国 30 个省份广义视角资源环境约束下物流业发展质量 PSVR 分维度动态变化情况

从图 5.3 可以看出，广义物流业发展质量最高的是上海，其次是天津和北京，对应值分别为 0.3150、0.2709 和 0.2489，这和王鹏等研究结果一致[61]。其中，上海发展压力高达 0.2023，远高于发展压力第二的北京（0.1165），这可能与上海市是中国第一大港口城市和航空中心有关。上海市物流业增加值、运输线路、货运周转量居全国首位，外高桥物流园区对接国外，西北综合物流园区等联动长三角，自贸区保税区引领口岸物流、航空物流、海运物流快速发展，DHL、UPS 等国际物流巨头在此齐聚。

云南和广西广义物流业发展质量最低，其值对应为 0. 1174 和 0. 1238，远低于全国平均值 0. 1811。云南发展压力、发展状态都不是全国最低，但因在四个维度上没有突出项，导致物流业发展质量最低。这可能的原因是云南地处边疆内陆，以烟草加工业、旅游业为支柱的经济体系，其物流需求和供应市场未充分形成，物流设施设备比较落后，物流运作效率较低。而广西的广义质量低，可能与其以有色金属、生态旅游为支柱产业的经济体系、海岸线曲折而物流基础设施差有关。

广义物流业发展质量上升幅度最大的是浙江、上海、广东、江苏、山东，幅度均高于108. 82%，多集中在东部及东南沿海地区。其中，浙江和广东质量提升依赖于发展压力和发展状态，说明这两省物流业在产业规模扩大的同时，节能减排工作成效也很突出。江苏发展压力、状态和响应都有提升，但发展价值下降幅度较大，说明江苏应在提升物流业经济和社会价值的同时推进物流业运营效率提升、降低能源消耗、减少污染物排放。

5.3　广义物流业发展质量空间特征分析

本节参考狭义物流业发展质量—生态效率的空间特征研究方法，对广义物流业发展质量空间特征进行刻画，并将其与物流业生态效率的空间特征作出对比分析。

5.3.1　空间差异性分析

（1）总泰尔指数分析。根据式（4.7）计算 2005～2020 年各年广义物流业发展质量的总泰尔指数，并根据式（4.8）和式（4.9）计算区域内泰尔指数和区域间泰尔指数，各指数变化趋势详见图5.4。

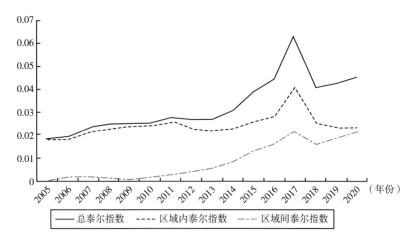

图 5.4　2005～2020 年广义视角资源环境约束下中国物流业发展质量泰尔指数

从图 5.4 可以看出，2005～2020 年广义物流业发展质量的总泰尔指数呈现先升后降趋势。在 2005～2017 年，总泰尔指数由 2005 年的 0.0182 上升到 2017 年的 0.0623，提升幅度 242.31%，说明在这一时期广义物流业发展质量区域差异不断扩大。而在 2017 年之后，总泰尔指数整体呈现下降趋势，说明广义物流业发展质量区域差异有缩小的趋势。

区域内泰尔指数与总泰尔指数走势基本保持一致，区域间的泰尔指数始终低于区域内泰尔指数，说明广义物流业发展质量的内部差异仍然是造成其区域差异的主要原因，这和狭义物流业发展质量的区域差异情况一致。

（2）区域内部泰尔指数分析。利用式（4.10）和式（4.11）分别计算东部、东北部、中部、西部四个区域内部的泰尔指数，其变化趋势如图 5.5 所示。

由图 5.5 可以看出，东部泰尔指数呈现先平稳后升再降趋势，东北部呈先升后降趋势，中部呈现 W 型波动趋势，而西部呈现上升趋势。总体上看，四大区域内部泰尔指数值及其变化趋势各有特点，但和狭义物流业发展质量的区域差异结论较为一致：区域内部差异是造成中国物流业发展质量空间差异的主要原因；物流业发展质量均值越高，区域内部差异越大；东部、东北部、中部区域内部差异呈现缩小趋势，西部呈现扩大趋势。

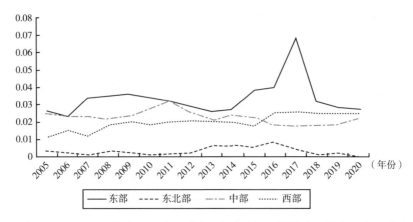

图 5.5　2005～2020 年中国四大区域广义视角资源环境约束下物流业发展质量
内部泰尔指数

5.3.2　空间收敛性分析

（1）绝对 β 收敛分析。根据绝对 β 收敛模型（4.12）检验全国及四大区域广义视角资源环境约束下物流业发展质量的收敛情况，结果详见表 5.4。

表 5.4　广义视角资源环境约束下物流业发展质量的绝对 β 收敛结果

项目	全国	东部	东北部	中部	西部
β	−0.102 ***	−0.009	−0.213 *	−0.164 **	−0.144 ***
	(0.000)	(0.646)	(0.053)	(0.021)	(0.002)
α	0.048 ***	0.013	0.086 **	0.074 **	0.062 ***
	(0.000)	(0.199)	(0.037)	(0.016)	(0.001)
R^2	0.584	0.384	0.550	0.417	0.657
F	15.41 ***	0.320	3.76 *	5.57 **	9.61 ***
	(0.000)	(0.573)	(0.053)	(0.021)	(0.002)
θ	0.67%	0.59%	1.50%	1.12%	0.97%
τ	103.08	117.59	46.30	61.91	71.33

注：括号内为显著性水平，* 、** 、*** 分别表示在 10%、5%、1% 水平下显著。

根据表 5.4 可知，全国和西部的 β 值在 1% 的显著性水平下为负值，这表明在全国和西部地区范围内，存在绝对 β 收敛，广义物流业发展质量较低的省份有赶上较高省份的趋势，整体差距在缩小。中部、东北部、东部的 β 值为负值，但其显著性水平有所不同，分别对应 5%、10% 和大于 10%，这说明中部和东北部地区广义物流业发展质量较低的省份仍然存在追赶趋势，而东部地区的追赶趋势不显著。这可能与东部地区广义物流业发展质量较高，由于产业结构、经济发展水平的影响而对较低质量省份产生了虹吸效应有关。

从速度来看，全国层面收敛速度为 0.67%，将用 103.08 年时间达到其稳态水平；而东北部收敛速度最快，其值为 1.50%，将用 46.30 年的时间达到其稳态水平。从全面层面分析，广义质量达到稳态所需的 103.08 年比狭义质量所需的 23.20 年相比明显偏长，这可能与广义质量反映的是物流业全面发展的综合情况有关。

（2）条件 β 收敛分析。根据条件 β 收敛模型（4.15）检验全国及四大区域广义物流业发展质量的收敛情况，结果详见表 5.5。

表 5.5　　广义视角资源环境约束下物流业发展质量的条件 β 收敛结果

项目	全国	东部	东北部	中部	西部
β	-0.217^{***} (0.000)	-0.179^{*} (0.070)	-0.325^{***} (0.006)	-0.217^{***} (0.008)	-0.294^{***} (0.002)
α	0.083^{***} (0.000)	0.035^{**} (0.032)	0.100^{**} (0.013)	0.093^{***} (0.006)	0.107^{***} (0.001)
R^2	0.575	0.484	0.673	0.478	0.428
F	22.60^{***} (0.000)	1.98 (0.142)	8.52^{***} (0.014)	3.69^{**} (0.029)	14.41^{***} (0.000)
θ	1.53%	1.23%	2.46%	1.53%	2.18%
τ	45.34	56.23	28.22	45.34	31.86

注：括号内为显著性水平，*、**、*** 分别表示在 10%、5%、1% 水平下显著。

由表 5.5 可见，全国、东北部、中部和西部的 β 值在 1% 的显著性水平下为负值，东部在 10% 的显著性水平下为负值，这表明在全国及四大区域范围内，广义物流业发展质量均存在条件 β 收敛，将会达到各自稳态水平。从速度看，收敛速度最快的东北部，其次是西部和中部、东部。

从全国层面看，广义物流业发展质量收敛速度为 1.53%，将用 45.34 年达到其稳态水平，这和狭义物流业发展质量所需的 20 年有些出入。这可能的原因是狭义物流业发展质量是基于投入产出的生态效率进行测算，随着创新技术和管理水平的进步，投入较少即可获得较高产出而实现高效率的现象，相对比较容易实现其稳态。相对地，广义物流业发展质量是对物流业全面系统的综合测度，考虑因素众多，实现其稳态过程也比较缓慢。

5.3.3 空间方向性分析

（1）空间方向分布范围分析。利用 ArcGIS10.8 软件对 2005～2020 年广义物流业发展质量各年的标准差椭圆的相关参数进行可视化显示，椭圆大小选择可覆盖全国 68% 的广义物流业发展质量的一阶标准差，研究期内偶数年可视化结果如表 5.6 所示。

由表 5.6 可知，广义物流业发展质量的标准差椭圆主要覆盖中部和东部地区，这与狭义上物流业发展质量标准差椭圆覆盖的区域基本一致，说明中部和东部是中国物流业发展质量相对较高的区域。

（2）空间方向重心分析。为显示广义物流业发展质量特征椭圆的空间重心的演变规律，将各年的椭圆重心进行分析。

表 5.6 显示，2005～2008 年广义物流业发展质量平均重心向东北方向转移，2009～2013 年大致向东南偏南方向转移，2014～2020 年大致向东南偏东方向转移。整体上，2005～2020 年，平均重心东西方向偏移量大于南北方向偏移量，整体向东方向转移；重心位置经历了从河南省洛阳市（2005～2014 年）—郑州市（2015～2016 年）—许昌市（2017～2020 年）的变化，与中国地理几何重心具有较大偏移，这和狭义物流业发展质量重心转移方向基本一致。这可能的原因在于研究期内东北三省、北京、河北、天津京津冀区域以及江苏、浙江、上海等东部沿海地区在保持物流业发展规模和速度的基

表 5.6　研究期内广义视角资源环境约束下中国物流业发展质量空间方向性标准差椭圆

年份	周长 shape-length (km)	面积 shape-area (10⁴ km²)	圆心 center-X	圆心 center-Y	圆心所在区域	短轴 (km)	长轴 (km)	方位角	扁率
2005	6655.195	349.725	655379.895	4229478.811	河南洛阳	981.787	1133.920	30.889	1.155
2006	6584.893	342.915	664422.625	4236021.852	河南洛阳	979.712	1114.193	31.889	1.137
2007	6554.260	339.889	681756.363	4235660.259	河南洛阳	977.774	1106.550	32.889	1.132
2008	6594.890	343.572	698296.702	4254505.137	河南洛阳	975.195	1121.498	33.889	1.150
2009	6575.600	341.751	678996.489	4263564.202	河南洛阳	975.203	1115.548	34.889	1.144
2010	6570.323	341.597	684662.354	4255579.393	河南洛阳	980.861	1108.612	35.889	1.130
2011	6559.445	341.300	680740.399	4246419.683	河南洛阳	995.469	1091.392	36.889	1.096
2012	6536.347	339.062	686219.123	4240210.172	河南洛阳	995.783	1083.895	37.889	1.088
2013	6520.790	337.829	682000.508	4225020.678	河南洛阳	1003.987	1071.128	38.889	1.067
2014	6506.067	336.503	693412.133	4221533.604	河南洛阳	1008.791	1061.841	39.889	1.053
2015	6477.101	333.355	714719.115	4216043.430	河南郑州	998.505	1062.747	40.889	1.064
2016	6463.535	331.893	729148.637	4212929.329	河南郑州	994.224	1062.641	41.889	1.069
2017	6426.628	327.884	766417.602	4209945.591	河南许昌	981.884	1062.997	42.889	1.083
2018	6498.007	335.144	739867.279	4218141.467	河南许昌	991.133	1076.395	43.889	1.086
2019	6537.180	338.752	753451.424	4220683.593	河南许昌	987.009	1092.529	44.889	1.107
2020	6534.657	339.007	747860.510	4211188.021	河南许昌	998.579	1080.684	45.889	1.082

础上，加快优化运输结构和淘汰柴油车型，并在推广新能源货车等方面投入了更多的资金。

（3）空间方向方位角分析。为直观显示广义物流业发展质量标准差椭圆的方位角演变规律，绘制其方位角变化趋势，详见图 5.6。

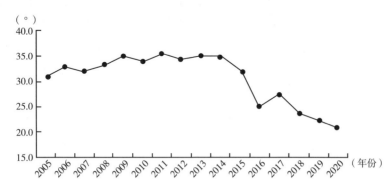

图 5.6　2005～2020 年广义视角资源环境约束下中国物流业发展质量的方位角变化

通过图 5.6 可知，2005～2009 年，方位角呈上升趋势，从 2005 年的30.889°上升到 2009 年的 34.596°；2010～2014 年，方位角在 33.667°和35.234°之间平稳波动；2015～2020 年方位角从 31.838°下降到 2020 年的20.785°。整体上，广义物流业发展质量标准差椭圆方位角呈现先上升再平稳后降低趋势，标准差椭圆逆时针转动，这和狭义物流业发展质量的结论基本吻合，表明无论是狭义上还是广义上资源环境约束下中国物流业发展质量都在空间上呈现"东北—西南"走向，且有进一步强化南北方向的趋势。

5.3.4　空间关联性分析

（1）全局空间关联性分析。基于邻接空间权重矩阵（W1）、地理空间权重矩阵（W2）、经济空间权重矩阵（W3）和信息空间权重矩阵（W4），运用式（4.18）计算 2005～2020 年广义物流业发展质量的全局莫兰指数，其变化趋势见图 5.7。

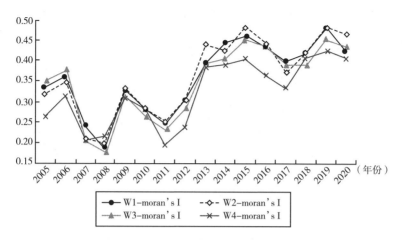

图 5.7　2005～2020 年广义视角资源环境约束下中国物流业发展质量全局莫兰
指数变化

从图 5.7 可以看出，四种空间权重矩阵下的全局莫兰指数整体上保持一致的走势。地理空间权重矩阵（W2）下的莫兰指数值最高，其次是邻接空间权重矩阵（W1）；信息空间权重矩阵（W4）下的莫兰指数值最低，其次是经济空间权重矩阵（W3）。莫兰值波动趋势可分为三个阶段：2005～2009年，全局莫兰值呈猛烈波动趋势，2006 年达到最高，而 2008 年达到最低；2009～2016 年，全局莫兰值变化幅度较大，呈波动性上升趋势；而在 2016～2020 年，全局莫兰值呈现波动平稳趋势。

总体上，研究期内广义物流业发展质量的全局莫兰值呈上升趋势，这和狭义物流业发展质量全局莫兰值结论基本一致，表明物流业发展质量的空间集聚性在显著增强。

（2）局部空间关联性分析。基于信息空间权重矩阵等四种空间权重矩阵，根据局部莫兰指数计算公式（4.19），分别对 2005～2020 年广义物流业发展质量的局部莫兰指数进行测算。由于信息空间权重矩阵表示了更符合物流业运作实际情况的物流联系，为更直观展示局部莫兰值测算结果，利用 ArcGIS10.8 软件绘制了 2005 年、2010 年、2015 年、2020 年四个特征年份在信息空间权重矩阵下的莫兰散点空间分布图，如表 5.7 所示。

表5.7 信息空间权重矩阵（W4）下典型年份中国广义物流业发展质量 LISA散点分布

省区	2005 年	2010 年	2015 年	2020 年
北京	H – H	H – H	H – H	H – H
天津	H – H	H – H	H – H	H – H
河北	H – H	H – H	H – H	H – H
山西	H – H	H – H	H – H	H – H
内蒙古	H – H	H – H	H – H	H – H
辽宁	L – H	L – H	L – H	L – H
吉林	H – L	H – L	L – L	L – L
黑龙江	L – H	L – H	L – L	L – L
上海	H – L	H – L	H – H	H – H
江苏	L – H	L – L	H – H	H – H
浙江	L – L	L – L	H – H	H – H
安徽	H – L	H – L	L – H	L – H
福建	L – L	L – L	L – H	L – H
江西	L – L	L – L	L – H	L – H
山东	L – H	L – H	H – H	H – H
河南	H – H	H – H	L – H	L – H
湖北	L – L	L – L	L – H	L – H
湖南	L – L	L – L	L – L	L – H
广东	L – L	L – L	H – L	H – L
广西	L – L	L – L	L – L	L – H
海南	L – L	L – L	L – L	L – L
重庆	L – L	L – L	L – L	L – L
四川	L – L	L – L	L – L	L – L
贵州	H – L	H – L	L – L	L – L
云南	L – L	L – L	L – L	L – L
陕西	H – H	H – H	H – H	H – H
甘肃	H – H	H – H	L – L	L – L
青海	H – H	H – H	L – L	L – L
宁夏	H – H	H – H	L – H	L – H
新疆	L – H	L – H	L – H	L – H

由表 5.7 可以看出，在信息空间权重矩阵下，广义物流业发展质量集聚模式多为"高—高"集聚和"低—低"集聚，"低—高"集聚和"高—低"集聚模式的省区数量较少。2005 年和 2010 年，"高—高"集聚模式分布在南部，而"低—低"集聚模式分布在北部，表现为南北方向格局；在 2015 年之后"高—高"集聚范围向东南沿海扩散，"低—低"集聚范围逐步向西南和西北部转移，2015 年和 2020 年表现为东西格局。总体上，广义物流业发展质量"高—高"集聚多集中在东南沿海地区，而"低—低"集聚多集中西部内陆地区，在局部上具有显著的空间关联特征，这和狭义物流业发展质量局部空间关联特征基本一致。

5.4　本章小结

本章基于 PSVR 模型将广义视角资源环境约束下中国物流业发展质量作为研究对象，主要研究内容和结论如下：

（1）从全国、区域、省域层次分析广义物流业发展质量及其 PSVR 分维度特征，结果表明，广义物流业发展质量平均值为 0.1811，总体呈现上升趋势；区域呈现东部（0.2104）—西部（0.1848）—中部（0.1754）—东北部（0.1637）阶梯下降态势，东北部广义质量依赖于发展响应，其他区域依赖于发展压力；上海广义物流业发展质量最高，其次为天津，其值分别为 0.3150 和 0.2709，云南广义物流业发展质量最低其次为广西，其值分别为 0.1174 和 0.1238，呈现显著空间异质性。

（2）基于泰尔指数的空间差异性分析表明，无论是狭义视角还是广义视角，区域内部差异都是造成中国物流业发展质量空间差异的主要原因，且物流业发展质量区域平均值越高，内部差异越大；东部、东北部、中部区域内部差异呈现缩小趋势，西部呈现扩大趋势。

（3）基于绝对 β 和条件 β 收敛模型的空间收敛分析表明，中国及四大区域的狭义和广义物流业发展质量均表现出收敛趋势，随着时间推移，物流业发展质量将会趋于稳态；全国层面狭义物流业发展质量达到其稳态水平需要大约 20 年，而广义物流业发展质量则需要大约为 45 年。

（4）基于标准差椭圆的重心、方位角等参数的空间方向性分析表明，狭义和广义中国物流业发展质量呈现稳定的"东北—西南"走向，且有进一步强化南北方向的趋势，空间重心持续向东部转移。

（5）基于信息等四种权重矩阵的空间关联性分析表明，狭义和广义中国物流业发展质量均具有显著的正向全局空间相关性，且相关性越来越强；"高—高"集聚和"低—低"集聚是其主要局部空间集聚模式，集聚状态由南北格局演变为东西格局，高值集聚状态多集中在东南沿海地区，低值集聚状态多分布在西部内陆地区。

（6）空间差异性、空间收敛性、空间方向性、空间关联性分析结果表明，广义物流业发展质量和狭义物流业发展质量在空间特征上具有一致性，物流业发展质量的空间特征比较稳健。

| 第 6 章 |

资源环境约束下中国物流业发展质量提升的空间计量分析

狭义和广义视角资源环境约束下中国物流业发展质量均具有显著的空间关联特征，提示空间效应是制定物流业发展质量提升政策不可忽视的重要因素。本章即从全局和局部空间计量模型入手，以经济发展水平等 8 个提升因素为自变量，狭义和广义物流业发展质量为因变量，分析在其他因素不变情况下单个因素对物流业发展质量提升的影响，探究各因素对物流业发展质量提升的独立影响作用。本章首先对模型变量数据进行多重共线性和面板单位根检验；其次，基于信息空间权重矩阵等 4 种空间权重矩阵，综合运用时空双固定的空间杜宾模型探究各提升因素的独立空间溢出效应和总体效应；最后，运用 GTWR 模型，深入探究各因素在不同时期和不同区域对物流业发展质量提升的时空异质性独立影响作用。

6.1 全局和局部空间计量模型构建

多元回归分析可用来分析各类变量之间的各种关系，多元回归分析有全局回归模型和局部回归模型之分[61]。全局回归模型假设因变量和自变量之间的关联关系在整个研究期和区域内是平稳的，不会随着时间和空间变化；而局部回归模型认为自变量和因变量之间的关系会随着时间和空间的变化而变化[177]。

6.1.1　计量模型设定

（1）全局空间计量模型。全局回归模型包括普通最小二乘模型（OLS）及考虑了空间相关性的空间计量模型。OLS 模型通常用于量化一组自变量对一个因变量的影响，而忽略了空间相关性，它可能导致有偏估计[178]。

空间计量模型在传统普通面板模型的基础上考虑了研究单元的位置信息，能够分析研究单元之间的空间关系。按照埃尔霍斯特（Elhorst）的研究[179]，常见的全局空间面板计量模型有三种，分别为空间滞后模型（SLM）、空间误差模型（SEM）、空间杜宾模型（SDM）。

空间滞后模型添加了空间滞后因变量，以此来整合空间自相关；空间误差模型添加了空间误差项，以此来考虑协变量之间的空间依赖性；而空间杜宾模型则同时加入了空间滞后因变量和误差项[180]，因此，空间杜宾模型相比空间滞后模型和空间误差模型更具一般性。具体选用哪种空间计量模型，还需要根据自变量和因变量建立的模型进行检验。三种模型分别表示如下：

$$y_{it} = \alpha_{it} + \rho W y_{it} + x_{it}\beta_{it} + \varepsilon_{it} \qquad (6.1)$$

$$y_{it} = \alpha_{it} + x_{it}\beta_{it} + u_{it}, u_{it} = \lambda W u_{it} + v_{it} \qquad (6.2)$$

$$y_{it} = \alpha_{it} + \rho W y_{it} + W x_{it}\gamma_{it} + x_{it}\beta_{it} + \varepsilon_{it} \qquad (6.3)$$

其中，y_{it} 是被解释变量，这里为狭义和广义视角资源环境约束下中国物流业发展质量；W 是空间权重矩阵，这里为信息空间权重矩阵等四种空间权重矩阵；x_{it} 是解释变量，这里为经济发展水平等 8 个提升因素；ε_{it}、v_{it} 是均值为 0、方差为 σ^2 的随机误差项。ρ、γ 是空间滞后参数，可通过这两个值是否显著为 0 来判断是否应该建立空间计量模型。当 $\gamma = 0$ 且 $\rho \neq 0$ 时，空间杜宾模型可缩减为空间滞后模型；当 $\gamma + \rho\beta = 0$ 时，空间杜宾模型可缩减为空间误差模型。

（2）局部空间计量模型。全局空间面板计量模型能揭示自变量对各省份的平均影响，无法反映自变量对不同省区和不同时期的影响差异性。局部回归模型不同于全局回归模型，因为它们允许因变量和自变量之间的关联关系随空间和时间变化。地理加权回归（geographically weighted regression，GWR）模型、时间加权回归（temporally weighted regression，TWR）模型和时空地理加权回归（geographically and temporally weighted regression，GTWR）模型是三种常见的局部空间计量模型。GWR模型被广泛应用于PM颗粒物、SO_2空气污染物异质性研究中[181,182]，但它仅对空间截面数据进行局部回归分析，只揭示了截面数据的空间异质性，而忽略了时间非平稳性，对现实经济活动的反映比较有限。

考虑到资源环境约束下中国物流业发展质量具有很强的时间变化和空间差异特征[19,23]，本书参考黄等[183]在原有的GWR模型中引入了时间特性参数，构建了资源环境约束下中国物流业发展质量的GTWR模型。该模型可通过对面板数据的处理，有效减少模型误差和参数估计误差，模型表达式为：

$$Y_i = \beta_0(\mu_i,v_i,t_i) + \sum_{k=1}^{n} \beta_k(\mu_i,v_i,t_i) X_{ik} + \varepsilon_i \qquad (6.4)$$

其中，Y_i为狭义和广义视角资源环境约束下中国物流业发展质量；i取值为面板数据年份数16（2005~2020年）与单元数30（30省份）的乘积，这里为480；(μ_i,v_i,t_i)为第i个省份的时空坐标，(μ_i,v_i)为省区i的地理经纬度坐标；X_{ik}为解释变量，这里为经济发展水平等8个提升因素；n为解释变量个数，这里为8；ε_i为模型残差；$\beta_0(\mu_i,v_i,t_i)$为截距项，$\beta_k(\mu_i,v_i,t_i)$为第k个解释变量在省份i处的回归系数，估算方法为：

$$\beta(u_i,v_i,t_i) = [X^TW(u_i,v_i,t_i)X]^{-1}X^TW(u_i,v_i,t_i)y \qquad (6.5)$$

其中，$W(u_i,v_i,t_i)$为样本点i的时空权重矩阵，$W(u_i,v_i,t_i) = diag(\alpha_{i1},\alpha_{i2},\cdots,\alpha_{in})$；对角线元素$\alpha_{ij}$为样本点i的时空权函数在观测点j处的权重。

本书采用最常用的高斯函数建立时空权函数，即：

$$\alpha_{ij} = \exp\left[-(d_{ij}^{ST})^2 / h_{ST}^2 \right] \qquad (6.6)$$

其中，d_{ij}^{ST} 为第 i 个省份和第 j 个省份之间的时空距离，h_{ST} 为时空带宽，带宽的选取对 GWTR 模型的回归参数的准确估计十分重要，最优带宽是根据最小交叉验证的 CV 值来选择。

借鉴黄提出的公式[183]，按照省份 i 和省份 j 之间的时间距离 d_{ij}^{T} 与空间距离 d_{ij}^{S} 的函数组合来构成时空距离 d_{ij}^{ST}，函数组合公式为：

$$d_{ij}^{ST} = \sqrt{\lambda\left[(u_i - u_j)^2 + (v_i - v_j)^2 \right] + \mu (t_i - t_j)^2} \qquad (6.7)$$

其中，λ 是平衡时间距离和空间距离的比例因子，可调节时间和空间距离在时空距离中的比重。当 $\lambda = 0$ 时，表示空间效应不存在，局部空间计量模型即为 TWR 模型；当 $\mu = 0$ 时，表示时间效应不存在，局部空间计量模型即为 GWR 模型；而当 $\lambda \neq 0$ 且 $\mu \neq 0$ 时，局部空间计量模型即为 GTWR 模型。

6.1.2　模型变量选取

根据第 2 章 2.4 节分析，本书从经济发展水平、产业结构、环境规制、能源结构、能源强度、城镇化水平、技术创新水平和对外开放水平 8 个方面探究资源环境约束下中国物流业发展质量提升的影响因素，各因素的代理变量及主要参考文献详见表 6.1。

表 6.1　资源环境约束下物流业发展质量提升因素代理变量选取的

相关文献归纳

因素名称	代理变量	选取依据
经济发展水平（EL）	人均实际 GDP	余泳泽和武鹏[184]，刘勇[185]，张立国[186]，田刚等[187]，刘承良和管明明[188]，Yang et al.[27]，Long et al.[23]
产业结构（IS）	第二产业在 GDP 中的比重	刘勇[185]，田刚等[187]，袁华锡等[189]，Long et al.[23]，Bai et al.[125]

续表

因素名称	代理变量	选取依据
环境规制 （ENR）	工业污染治理完成投资额在 GDP 中的比重	刘承良和管明明[188]，Long et al.[23]，Bai et al.[125]
能源结构 （ES）	地区电力标准煤消耗量占能源标准煤消耗总量比重	张立国[186]，Bai et al.[125]
能源强度 （EI）	单位 GDP 的能源标准煤消耗量	Hall[10]，张立国[186]，刘承良和管明明[188]，Yang et al.[27]，Bai et al.[125]
城镇化水平 （UL）	城镇人口数量/常住人口数量	李娟和王琴梅[190]，Yang et al.[27]，张瑞[191]，何景师等[192]，赖靓荣等[59]
技术创新水平 （TIL）	专利申请授权数量	Zhou[109]，张瑞[191]，Bai et al.[125]
对外开放水平 （OL）	外商直接投资额	Zaman and Shamsuddin[11]，刘承良和管明明[188]，Zhou et al.[74]，Bai et al.[19]

根据表 6.1 中文献，并考虑变量实际数据的可获得性，选取各提升因素的代理变量，各变量的计算方法和基础数据来源说明如下。

以人均实际 GDP 作为经济发展水平的代理变量，计算方式为各省各年实际 GDP 除以人口规模。其中，实际 GDP 以 2004 年省份 GDP 数据为基础，使用 GDP 指数平减计算得到；人口规模为常住人口数量。2004 年 GDP、各年各省份 GDP 指数及常住人口数据均来自《中国统计年鉴》（2006 ~ 2021 年）。

以各省份各年第二产业增加值占据总 GDP 的比例作为产业结构的代理变量。第二产业增加值数据及 GDP 数据均来自《中国统计年鉴》（2006 ~ 2021 年）。

考虑到中国环境规制主要由政府主导，行政命令强于市场手段，故以各省份工业污染治理完成投资额在 GDP 的比重作为环境规制的代理变量。工业污染治理完成投资额数据及 GDP 数据均来自《中国统计年鉴》（2006 ~ 2021 年）。

考虑到目前电力能源作为新能源的推广力度较大，本书采用地区电力标准煤消耗量占能源标准煤消耗总量比例作为能源结构的代理变量。地区电力标准煤消耗量和能源标准煤消耗总量是根据第 3 章 3.2 节的各类能源标准煤换算系数及各省份各年的各类能源消耗量计算得到。各类能源消耗量数据均来自《中国能源统计年鉴》（2006～2021 年）。

将地区单位 GDP 的能源标准煤消耗量作为能源强度的代理变量，计算方式为各省份各年的能源标准煤消耗总量除以实际 GDP。实际 GDP 计算方式参照经济发展水平变量中的人均 GDP，能源标准煤消耗总量参考能源结构中的能源消耗总量。

将城镇人口数量除以常住人口数量作为城镇化水平的代理变量。其中，各省份各年的城镇人口数量和常住人口数量数据来源于《中国统计年鉴》（2006～2021 年）。

将专利申请授权数量作为技术创新水平的代理变量，其数据来源于《中国统计年鉴》（2006～2021 年）。

将各省份各年的实际外商直接投资额作为对外开放水平的代理变量，并使用各年人民币兑美元汇率将其换算为人民币。实际外商直接投资额（美元）数据来源于《中国统计年鉴》（2006～2021 年）。

全局和局部空间回归模型中的解释变量和被解释变量的统计性描述详见表 6.2。

为了消除数据异方差影响，并参考环境经济领域被广泛应用的 IPAT 模型[193,194]、袁华锡等[189]及白[125]等做法，将本书中选取的 8 个提升因素变量取自然对数后再应用到回归模型中。

表 6.2   资源环境约束下物流业发展质量提升因素的
空间计量模型变量的统计性描述

变量	符号	单位	平均值	最小值	最大值	标准差	样本数
狭义物流业发展质量	LEQ	—	0.6351	0.2234	2.5003	0.3548	480
广义物流业发展质量	LCQ	—	0.1811	0.0953	0.5782	0.0588	480
经济发展水平	EL	万元/人	3.2815	0.4984	16.4200	2.2364	480
产业结构	IS	%	42.6832	15.9671	61.9603	8.2965	480
环境规制	ENR	%	15.2679	0.0855	110.3387	14.1886	480

续表

变量	符号	单位	平均值	最小值	最大值	标准差	样本数
能源结构	ES	%	4.5506	0.7679	14.9797	2.7158	480
能源强度	EI	万吨标准煤/亿元	1.7553	0.1517	6.7733	1.2455	480
城镇化水平	UL	%	55.1658	26.8633	89.5833	13.9915	480
技术创新水平	TIL	万项	4.1180	0.0079	70.9725	7.5152	480
对外开放水平	OL	万亿元	1.0240	0.0058	18.9336	1.9278	480

6.1.3　模型变量检验

（1）多重共线性检验。为防止回归模型变量之间存在较强的线性关系而导致估计偏误，在回归分析前需要对解释变量进行多重共线性检验。可通过方差膨胀因子来判断变量之间是否存在多重共线性，方差膨胀因子越大，多重共线性越强，带来的估计偏误也越大。当方差膨胀因子大于 10 时，可认为解释变量之间存在严重的多重共线性，不可进行数据回归。本书中选取的8 个解释变量取对数后方差膨胀因子 VIF 检验结果如表 6.3 所示。

表 6.3　　　　　回归模型解释变量之间多重共线性检验结果

变量	VIF	1/VIF
lnEL	3.6100	0.2770
lnIS	1.9100	0.5227
lnENR	2.4000	0.4166
lnES	1.3200	0.7602
lnEI	3.5700	0.2799
lnUL	1.2400	0.8042
lnTIL	6.8600	0.1457
lnOL	4.8900	0.2044
Mean VIF	3.2300	

根据表 6.3 可以看出，8 个变量方差膨胀因子最大的是技术创新水平，方差膨胀因子为 6.8600，平均方差膨胀因子为 3.23，均远小于 10，表明各变量之间不存在多重共线性，可进行下一步的计量分析。

（2）面板单位根检验。面板数据包含时间序列数据和截面数据，在模型回归过程中可能存在伪回归现象。为避免伪回归现象，还需对各变量进行平稳性检验。运用同质单位根的 LLC 和异质单位根的 ADF-Fisher 方法可检验各变量是否平稳。一阶差分条件下被解释变量和各解释变量的面板单位根检验结果详见表 6.4。

表 6.4 　　　　　　　一阶差分条件下回归模型变量单位根检验结果

变量	相同根 LLC 检验			不同根 ADF 检验		
	统计量	P 值	模型形式 (C,T,K)	统计量	P 值	模型形式 (C,T,K)
d_lnLEQ	−8.3438	0.000	(C,T,0)	173.7315	0.000	(C,T,0)
d_lnLCQ	−8.3438	0.000	(C,T,0)	173.7315	0.000	(C,T,0)
d_lnEL	−5.4147	0.000	(C,0,0)	137.8540	0.000	(C,0,0)
d_lnIS	−7.6563	0.000	(C,0,0)	159.8848	0.000	(C,0,0)
d_lnENR	−8.7681	0.000	(C,T,0)	181.1866	0.000	(C,T,0)
d_lnES	−8.6658	0.000	(C,T,0)	178.5503	0.001	(C,T,0)
d_lnEI	−5.9078	0.000	(C,T,0)	141.2888	0.000	(C,T,0)
d_lnUL	−9.1258	0.001	(C,0,0)	186.1547	0.000	(C,0,0)
d_lnTIL	−8.1046	0.000	(C,T,0)	169.5829	0.001	(C,T,0)
d_lnOL	−5.4145	0.000	(C,0,0)	127.3179	0.000	(C,0,0)

注：在模型形式（C,T,K）中，C，T，K 分别表示常数项、时间趋势和滞后阶数；d_表示一阶差分。

从表 6.4 可以看出，狭义和广义资源环境约束下中国物流业发展质量、环境规制、能源结构、能源强度、技术创新水平均在有时间趋势项条件下通过了 1% 的显著性检验，而经济发展水平、产业结构、城镇化水平、对外开放水平均在有常数项条件下通过了 1% 的显著性检验，说明回归模型各变量均拒绝存在单位根的原假设，满足数据平稳性要求。

6.2　全局空间计量模型分析

6.2.1　空间杜宾模型的选择

根据 4.3 节和 5.3 节的分析，狭义和广义视角资源环境约束下中国物流业发展质量均存在空间相关性和集聚特征，有必要使用空间计量模型，否则将导致严重的估计偏误。为了找到合适的空间计量模型，本书基于第 4 章 4.3.1 节创建的四种空间权重矩阵进行模型选择检验，检验结果详见表 6.5。

通过表 6.5 可以看出，无论在哪种空间权重矩阵下，狭义和广义上的物流业发展质量在统计检验上应选择时间和空间双固定的空间杜宾模型，而在实际中也印证了这一点。中国各省份的经济发展水平、产业结构、技术创新水平等情况差异较大，且这种差异具有明显固有区域特征，随时间变化不大，因此，应选择空间固定效应模型；又考虑到近年来物流业受到国家层面的重视，国家出台了多项鼓励政策，这些政策又具有很强的时间变化特征，应选择时间固定效应模型。因此，选择时间和空间的双固定效应的空间杜宾模型在统计检验和理论分析上都是非常合适的。

6.2.2　提升因素影响作用的空间溢出效应

基于时空双固定的空间杜宾模型，估计各因素对资源环境约束下中国物流业发展质量提升的影响作用。由于 lnIS、lnENR、lnUL、lnOL 的空间滞后项并不显著，故参照李等的做法[195]，使用变量选择项 "durbin（varlist）" 只保留 lnEL、lnES、lnEI、lnTIL 的空间滞后项，回归结果详见表 6.6。

根据表 6.6，四种空间权重矩阵下的时空双固定的空间杜宾模型回归结

表6.5 全局空间计量模型检验选择结果分析

检验项目	狭义物流业发展质量（LEQ）				广义物流业发展质量（LCQ）				结果分析
	邻接权重矩阵 W1	距离权重矩阵 W2	经济权重矩阵 W3	信息权重矩阵 W4	邻接权重矩阵 W1	距离权重矩阵 W2	经济权重矩阵 W3	信息权重矩阵 W4	
LMLAG	33.006*** (0.000)	31.326*** (0.000)	26.094*** (0.000)	21.904*** (0.000)	33.224*** (0.000)	30.266*** (0.000)	27.571*** (0.000)	24.447*** (0.000)	不能拒绝无空间滞后项的原假设
R-LMLAG	0.064 (0.787)	0.001 (0.975)	0.099 (0.753)	1.226 (0.257)	0.046 (0.830)	0.038 (0.830)	0.000 (0.999)	2.593 (0.107)	拒绝无空间误差项的原假设
LMERR	80.102*** (0.000)	67.123*** (0.000)	56.056*** (0.000)	25.939*** (0.000)	80.497*** (0.000)	62.323*** (0.000)	51.245*** (0.000)	25.369*** (0.000)	拒绝退化为空间滞后模型原假设
R-LMERR	50.169*** (0.000)	36.613*** (0.000)	28.061*** (0.000)	5.319** (0.021)	47.319*** (0.000)	32.095*** (0.000)	23.675*** (0.000)	3.515* (0.061)	拒绝退化为空间误差模型原假设
Wald-slm	53.58*** (0.000)	37.02*** (0.000)	34.61*** (0.000)	36.12*** (0.000)	63.44*** (0.000)	45.14*** (0.000)	43.16*** (0.000)	43.16*** (0.000)	拒绝退化为空间滞后模型原假设
Wald-sem	46.26*** (0.000)	34.78*** (0.000)	32.78*** (0.000)	34.52*** (0.000)	59.46*** (0.000)	42.23*** (0.000)	40.64*** (0.000)	40.64*** (0.000)	拒绝退化为空间误差模型原假设
LR-slm	50.34*** (0.000)	35.57*** (0.000)	33.34*** (0.000)	34.63*** (0.000)	59.22*** (0.000)	42.85*** (0.000)	41.05*** (0.000)	41.05*** (0.000)	接受空间效应的固定效应模型
LR-sem	46.37*** (0.000)	34.56*** (0.000)	31.70*** (0.000)	33.20*** (0.000)	59.61*** (0.000)	40.36*** (0.000)	38.90*** (0.000)	38.90*** (0.000)	接受时空双固定空间杜宾模型
Hausman	13.97* (0.083)	14.71* (0.065)	15.01* (0.059)	27.24*** (0.001)	18.309** (0.019)	16.93** (0.031)	18.77** (0.016)	18.77** (0.016)	接受时空双固定空间杜宾模型

注：*、**、***分别表示在10%、5%、1%水平下显著。

表6.6　基于时空双固定的空间杜宾模型的资源环境约束下中国物流业发展质量提升的影响作用估计结果

变量	lnLEQ				lnLCQ			
	邻接权重矩阵 W1	距离权重矩阵 W2	经济权重矩阵 W3	信息权重矩阵 W4	邻接权重矩阵 W1	距离权重矩阵 W2	经济权重矩阵 W3	信息权重矩阵 W4
lnEL	-0.1525*** (-3.6875)	-0.1367*** (-3.2467)	-0.1149*** (-3.1775)	-0.1316*** (-3.1106)	-0.1368*** (-3.4491)	-0.1195*** (-2.9637)	-0.1149*** (-2.8972)	-0.1178*** (-2.9167)
lnIS	-0.0684 (-1.5937)	-0.0746 (-1.5479)	-0.0802* (-1.6876)	-0.0822* (-1.7288)	-0.0884** (-2.3081)	-0.1093*** (-2.9118)	-0.1108*** (-2.9628)	-0.1099*** (-2.9209)
lnENR	0.0077* (1.6804)	0.0085* (1.9172)	0.0081* (1.8128)	0.0086* (1.9273)	0.0059 (-1.2934)	0.0080* (-1.8173)	0.0079* (-1.7757)	0.0080* (-1.8023)
lnES	0.1276*** (13.6331)	0.1266*** (13.9258)	0.1296*** (14.0377)	0.1271*** (13.8901)	0.1275*** (-14.0842)	0.1260*** (-14.5692)	0.1275*** (-14.5109)	0.1262*** (-14.5157)
lnEI	-0.0478** (-2.4576)	-0.0572*** (-3.0203)	-0.0600*** (-3.1724)	-0.0597*** (-3.1433)	-0.0600*** (-3.1566)	-0.0628*** (-3.4264)	-0.0657*** (-3.6053)	-0.0650*** (-3.5407)
lnUL	0.0024** (2.2515)	0.0064** (2.6833)	0.0033** (2.3562)	0.0052** (2.5478)	0.0015 (2.1553)	0.0051** (2.5446)	0.0028** (2.2990)	0.0041** (2.4409)
lnTIL	0.0387*** (3.5501)	0.0486*** (4.5160)	0.0451*** (4.2883)	0.0475*** (4.4121)	0.0329*** (3.1842)	0.0460*** (4.5925)	0.0439*** (4.4220)	0.0452*** (4.5196)
lnOL	0.0147*** (4.8397)	0.0123*** (4.5764)	0.0110*** (4.4068)	0.0119*** (4.5242)	0.0148*** (4.8607)	0.0125*** (4.6097)	0.0111*** (4.4309)	0.0123*** (4.5716)

续表

变量	lnLEQ				lnLCQ			
	邻接权重矩阵 W1	距离权重矩阵 W2	经济权重矩阵 W3	信息权重矩阵 W4	邻接权重矩阵 W1	距离权重矩阵 W2	经济权重矩阵 W3	信息权重矩阵 W4
$W \times lnEL$	0.1335** (1.9631)	0.2118** (2.2495)	0.1592* (1.6482)	0.1886* (1.9495)	0.2289*** (4.2021)	0.3213*** (4.6983)	0.2546*** (3.7462)	0.2919*** (4.1974)
$W \times lnES$	0.0333 (1.4812)	0.0786*** (3.0345)	0.0866*** (3.2648)	0.0826*** (3.0419)	0.0243 (1.1158)	0.0690*** (2.7644)	0.0661*** (2.6799)	0.0699*** (2.6998)
$W \times lnEI$	-0.0579 (1.3790)	-0.1915*** (3.1805)	-0.1661** (2.5758)	-0.1764*** (2.8914)	-0.0776* (-1.8989)	-0.2178*** (-3.8718)	-0.1991*** (-3.3205)	-0.2063*** (-3.6132)
$W \times lnTIL$	0.0426** (1.9725)	0.0236** (2.4231)	0.0583* (1.5245)	0.0762* (1.9852)	0.0289*** (4.2021)	0.0419*** (4.6983)	0.0567*** (3.7462)	0.0942*** (3.1784)
Spatial-rhop	0.2057*** (2.7317)	0.1924*** (2.6298)	0.2073*** (3.3471)	0.2274*** (3.0833)	0.2039*** (2.7573)	0.1891*** (2.6253)	0.2161*** (3.5149)	0.2301*** (3.2533)
Variance-sigma2_e	0.0206*** (15.0293)	0.0219*** (14.9672)	0.0218*** (14.9629)	0.0218*** (14.9736)	0.0193*** (14.4423)	0.0201*** (14.4561)	0.0202*** (14.4512)	0.0200*** (14.5389)
Log-L	230.561	222.2434	221.2856	221.6768	231.9650	223.2985	222.6149	223.1256

注：*、**、***分别表示在10%、5%、1%水平下显著。

果显示，狭义和广义物流业发展质量空间滞后项系数 ρ 均在 1% 显著性水平下为正，表明资源环境约束下中国物流业发展质量提升存在显著的正向空间溢出效应，相邻区域的物流业发展质量的提升会带动本区域的物流业发展质量提升，本区域物流业发展质量也会随着相邻区域物流业发展质量的提升而提升。信息空间权重矩阵下空间滞后项系数值分别为 0.2274 和 0.2301，在四种空间权重矩阵中最大。这可能的原因是随着信息化水平的提升，不同省份的空间联系被加剧，正向溢出效应被放大，所以出现信息空间权重矩阵下空间滞后项系数较其他矩阵更大的情形。

在空间杜宾计量模型中含有因变量的空间滞后项，本地区解释变量的变化不仅会影响邻近区域值的变化，而且会反过来对本区域值变化产生冲击[189]，因此，回归系数不能准确反映解释变量的真实边际效应。借鉴里奥斯（Rios）[196] 和陈等[197] 的做法，可将影响作用采用偏微分方法分解为直接效应、间接效应和总效应。直接效应是本地某因素对本地物流业发展质量的影响作用；间接效应即为空间溢出效应，是本地某因素对本地区的相邻区域物流业发展质量的影响作用；总效应则是本地某因素对所有区域的影响作用。四种空间权重矩阵下，基于时空双固定的空间杜宾模型的资源环境约束下中国物流业发展质量提升的直接效应、间接效应和总效应分解详见表 6.7。

通过表 6.7 可知，四种空间权重下，并非所有因素对狭义和广义物流业发展质量提升的影响作用都是显著的，但依然可以反映出经济发展水平、能源结构、能源强度和技术创新水平因素存在比较明显的空间溢出效应，且对于狭义和广义物流业发展质量提升的影响作用比较一致，因信息空间权重矩阵更真实地反映了各地区的空间联系，下面以表 6.7 中信息空间权重矩阵的结果为例分析。

经济发展水平对狭义和广义物流业发展质量的直接效应在 1% 显著水平下为负值，对应系数分别为 -0.1242 和 -0.1067，说明经济发展水平对本地物流业发展质量提升有抑制作用，且对狭义物流业发展质量抑制作用更强。这可能与中国经济长期处在粗放发展的模式之下，以牺牲资源环境为代价换

表6.7 基于时空双固定的空间杜宾模型的资源环境约束下中国物流业发展质量提升的直接效应、空间溢出效应和总效应分解

项目	变量	lnLEQ				lnLCQ			
		邻接权重矩阵 W1	距离权重矩阵 W2	经济权重矩阵 W3	信息权重矩阵 W4	邻接权重矩阵 W1	距离权重矩阵 W2	经济权重矩阵 W3	信息权重矩阵 W4
Direct	lnEL	-0.1454*** (-3.4317)	-0.1288*** (-2.9693)	-0.1248*** (-2.9160)	-0.1242*** (-2.8459)	-0.1240*** (-3.0973)	-0.1079*** (-2.6333)	-0.1043*** (-2.5991)	-0.1067*** (-2.6079)
	lnIS	-0.0651* (-1.4236)	-0.0722* (-1.4154)	-0.0775*** (-1.5103)	-0.0805*** (-1.5849)	-0.0916*** (-2.4000)	-0.1121*** (-3.0113)	-0.1140*** (-3.0588)	-0.1128*** (-3.0194)
	lnENR	0.0084* (1.8571)	0.0090* (2.0662)	0.0086* (1.9530)	0.0091** (2.0793)	0.0064 (-1.4552)	0.0085** (-1.9972)	0.0084* (-1.9528)	0.0085** (-1.9813)
	lnES	0.1309*** (13.7638)	0.1302*** (14.5795)	0.1342*** (14.6873)	0.1310*** (14.5085)	0.1305*** (-14.1308)	0.1292*** (-15.1318)	0.1314*** (-15.0391)	0.1297*** (-15.0511)
	lnEI	-0.0514*** (-2.6717)	-0.0643*** (-3.3837)	-0.0672*** (-3.5273)	-0.0666*** (-3.4885)	-0.0648*** (-3.5242)	0.0704*** (-3.8989)	-0.0740*** (-4.1008)	-0.0727*** (-4.0097)
	lnUL	0.0009*** (3.0891)	-0.0050*** (-3.5414)	-0.0016*** (-3.1693)	-0.0035*** (-3.3777)	-0.0021*** (-3.2192)	-0.0045*** (-3.4881)	-0.0022*** (-3.2396)	-0.0036*** (-3.3828)
	lnTIL	0.0391*** (3.5984)	0.0497*** (4.7107)	0.0470*** (4.5265)	0.0485*** (4.6055)	0.0334*** (3.2079)	0.0463*** (4.6001)	0.0443*** (4.4249)	0.0456*** (4.5267)
	lnOL	0.0147** (1.9703)	0.0133* (1.8077)	0.0122* (1.6584)	0.0128* (1.7435)	0.0148* (-1.9944)	0.0125* (-1.7103)	0.0111 (-1.5141)	0.0122* (-1.6689)

续表

项目	变量	lnLFQ				lnLCQ			
		邻接权重矩阵 W1	距离权重矩阵 W2	经济权重矩阵 W3	信息权重矩阵 W4	邻接权重矩阵 W1	距离权重矩阵 W2	经济权重矩阵 W3	信息权重矩阵 W4
Indirect	lnEL	0.2283 *** (1.6051)	0.3328 ** (2.0748)	0.2718 *** (1.4170)	0.3073 *** (1.7613)	0.2485 *** (-3.8274)	0.3665 *** (-4.4133)	0.2949 *** (-3.4796)	0.3349 *** (-3.9306)
	lnIS	-0.0227 (-0.9728)	-0.0689 * (-1.0522)	-0.0670 (-0.9058)	-0.0422 (-0.8147)	-0.0254 * (-1.6642)	-0.0276 * (-1.5822)	-0.0354 * (-1.7486)	-0.0304 * (-1.6128)
	lnENR	0.0049 (0.4894)	0.0015 (0.1160)	0.0025 (0.1877)	0.0027 (0.2025)	0.0018 (-1.2378)	0.0021 (-1.3776)	0.0026 (-1.4633)	0.0023 (-1.3928)
	lnES	0.0758 *** (2.8104)	0.1287 *** (4.1689)	0.1513 *** (4.3070)	0.1383 *** (4.1091)	0.0661 ** (-2.4747)	0.1150 *** (-3.8567)	0.1245 *** (-3.8256)	0.1207 *** (-3.8038)
	lnEI	-0.0815 * (1.6973)	-0.2471 *** (3.3506)	-0.2280 *** (2.7261)	-0.2339 *** (3.0407)	-0.1103 *** (-2.2938)	-0.2780 *** (-3.9612)	-0.2710 *** (-3.455)	-0.2702 *** (-3.7126)
	lnUL	0.0616 *** (2.7591)	0.0291 (0.9626)	0.0394 (1.2738)	0.0369 (1.1871)	0.0206 * (0.2139)	0.0210 (0.4120)	0.0206 (0.1878)	0.0209 (0.3167)
	lnTIL	0.0058 (0.2504)	0.0398 ** (1.2462)	0.0602 * (1.6851)	0.0351 ** (1.0501)	0.0091 ** (2.0851)	0.0110 * (1.9548)	0.0134 ** (2.1642)	0.0119 ** (1.9900)
	lnOL	0.0048 (0.1901)	0.0386 (1.3670)	0.0441 (1.3334)	0.0351 (1.1788)	0.004 (-1.6124)	0.003 (-1.2998)	0.0034 (-1.2676)	0.0032 (-1.2936)

续表

项目	变量	lnLEQ				lnLCQ			
		邻接权重矩阵 W1	距离权重矩阵 W2	经济权重矩阵 W3	信息权重矩阵 W4	邻接权重矩阵 W1	距离权重矩阵 W2	经济权重矩阵 W3	信息权重矩阵 W4
Total	lnEL	0.0829 * (0.1895)	0.2040 *** (0.8599)	0.1470 ** (0.3548)	0.1831 *** (0.6533)	0.1245 * (-1.7613)	0.2585 *** (-3.1262)	0.1906 ** (-2.2394)	0.2282 *** (-2.7069)
	lnIS	-0.0878 *** (-0.3607)	-0.1411 *** (-0.4806)	-0.1445 *** (-0.3973)	-0.1227 ** (-0.2872)	-0.1170 ** (-2.3053)	-0.1397 ** (-2.7841)	-0.1494 ** (-2.8097)	-0.1431 *** (-2.7771)
	lnENR	0.0133 (1.1000)	0.0105 ** (0.7196)	0.0110 (0.7313)	0.0118 * (0.7881)	0.0082 (-1.4481)	0.0106 * (-1.9606)	0.0110 * (-1.9145)	0.0108 * (-1.9422)
	lnES	0.2067 *** (6.5049)	0.2588 *** (7.5963)	0.2855 *** (7.3730)	0.2692 *** (7.2737)	0.1967 *** (-6.248)	0.2442 *** (-7.4285)	0.2559 *** (-7.1216)	0.2504 *** (-7.1732)
	lnEI	-0.1329 ** (-2.4981)	-0.3114 *** (-3.9738)	-0.2952 *** (-3.3247)	-0.3005 *** (-3.6663)	-0.1752 ** (-3.453)	-0.3484 *** (-4.7943)	-0.3450 *** (-4.2285)	-0.3428 *** (-4.5334)
	lnUL	0.0625 ** (2.4461)	0.0241 *** (3.7421)	0.0378 *** (3.1259)	0.0334 *** (3.9955)	0.0185 *** (3.2205)	0.0165 *** (3.4816)	0.0184 *** (3.2302)	0.0173 *** (3.3749)
	lnTIL	0.0449 * (1.7223)	0.0896 *** (2.7432)	0.1072 *** (2.9117)	0.0836 ** (2.4668)	0.0424 ** (3.1231)	0.0573 *** (4.3234)	0.0577 *** (4.1115)	0.0575 *** (4.2258)
	lnOL	0.0195 * (0.7192)	0.0518 * (1.7431)	0.0564 * (1.9275)	0.0479 ** (2.5364)	0.0189 ** (1.9922)	0.0155 * (1.7061)	0.0145 * (1.9103)	0.0155 ** (2.6618)

注：*、**、***分别表示在10%、5%、1%水平下显著。

取高速的经济增长有关。经济发展水平对狭义和广义物流业发展质量具有显著的正向空间溢出效应，对应系数分别为 0.3073 和 0.3349；总效应也表现出显著的正向效应，系数分别为 0.1831 和 0.2282，这和周等[109]的研究结论一致，说明经济发展水平显著促进了周边地区和整体区域的物流业发展质量的提高，且对广义物流业发展质量的提升作用更强。以上分析说明仅靠本地经济发展难以提升本地物流业发展质量，要进一步推动经济绿色发展和联动发展，才能在经济增长的同时提升物流业发展质量。

产业结构对狭义和广义物流业发展质量的直接效应、空间溢出效应、总效应均表现为负向作用，其中，直接效应和总效应均通过 1% 显著性水平检验，总效应对应系数分别为 −0.1227 和 −0.1431，这和杨宏伟等[198]、吴晓旭[199]研究结论相一致，说明第二产业比例的增加会显著抑制物流业发展质量提升，但对周边地区物流业发展质量提升的影响不显著。这可能的原因是产业结构会影响经济增长的方式以及决定污染类型和总量特征，物流行业的发展主要依靠的是工业品的流通，而随着产业结构的升级、第三产业的大力发展，物流业的规模效应受到了不利影响，从而抑制物流业发展质量提升。这进一步启示中国经济的产业结构调整不应过分强调第三产业的比重和规模的扩大，更要注重工业与物流业、第三产业的融合联动发展。

环境规制对狭义和广义物流业发展质量的直接效应、空间溢出效应和总效应均表现为正向作用，且直接效应和总效应均通过了 10% 的显著性水平检验，总效应对应的系数分别为 0.0118 和 0.0108，这和赵等[200]的研究结论相一致，表明其他因素不变的情况下，政府采取多种环境治理措施、提高污染治理投资、加大环境规制强度不仅会显著促进本地物流业发展质量提升，还促进了整体区域的物流业发展质量提升，也说明了应进一步加大环境治理投资力度。

以电力能源使用占比为代理变量的能源结构对狭义和广义物流业发展质量的直接效应、空间溢出效应和总效应均在 1% 显著性水平下表现为正向作用，其中，总效应系数分别为 0.2692、0.2504，空间溢出效应系数分别为

0.1383 和 0.1207，这表明目前电力能源使用对本地和周边区域的物流业发展质量提升均具有显著的正向影响作用。这可能的原因是电力能源被认为是清洁能源，物流业电力设施设备比起汽油柴油设备被认为对环境生态友好。但值得注意的是，在中国"多煤少油少气"的能源结构下，煤炭发电仍占据主导，不断增加风能、水力、太阳能、生物能等清洁能源发电比例，发挥绿色电力的独特优势，将对提升资源环境约束下物流业质量具有更大的推动作用。

能源强度对狭义和广义物流业发展质量的直接效应、空间溢出效应和总效应均表现为 1% 显著水平下的负向作用，其中，总效应对应系数分别为 -0.3005 和 -0.3428，空间溢出效应系数分别为 -0.2339 和 -0.2702。这表明，单位经济产值的能源消耗量每降低 1%，狭义和广义物流业发展质量总体上将提高 0.3005% 和 0.3428%，周边地区狭义和广义物流业发展质量总体上将提高 0.2339% 和 0.2702%。这说明降低能源强度不仅提升本地的物流业发展质量，还可以通过空间溢出效应提升周围地区的物流业发展质量。

城镇化水平对狭义和广义的物流发展质量的直接效应和总效应作用通过 1% 显著性水平，其中，总效应系数分别为 0.0334 和 0.0173，空间溢出效应未通过 10% 显著性水平检验，这和李健等[201]的研究结论相一致。这可能的原因是城镇化水平提高使得大量人口集中在城市，人们对环境改善的期望会更高，从而促进政府和物流企业采取环境保护措施，降低物流业的能耗和污染排放，进而提升物流业发展质量。

技术创新水平对狭义和广义物流业发展质量的直接效应、空间溢出效应和总效应均表现为 5% 显著性水平下的正向作用，总效应系数分别为 0.0836 和 0.0575，空间溢出效应系数分别为 0.0351 和 0.0119。这说明专利申请量每提升 1%，狭义物流业质量提升 0.0836%，广义物流业发展质量提升 0.0575%，且对周边地区狭义和广义物流业发展质量分别提升 0.0351% 和 0.0119%，这和周等[109]的研究结论一致。这可能的原因是先进的技术创新改变了企业的生产方式和人们的生活方式，通过技术溢出和空间溢出效应提升本地和周边地区资源的利用效率和产业的生产效率，从而提升物流业发展质量。

对外开放水平对狭义和广义物流业发展质量的空间溢出效应不显著，直接效应和总效应均表现为10%显著性水平下的正向作用，其中，总效应系数分别为0.0479和0.0155，说明对外开放水平的提升将会对本地区域物流业发展质量起到促进作用，这和李建豹等[202]的研究结果相一致。这可能的原因是对外开放可加快贸易交流，扩大物流市场，通过物流技术溢出效应和规模效应提升物流业发展质量。

综上，从空间溢出视角分析，某一地区经济发展水平、能源结构、技术创新的提升可促进该地区邻近区域物流业发展质量的提升，而能源强度的降低可促进该地区邻近区域物流业发展质量的提升，产业结构、环境规制、城镇化水平、对外开放水平的地理溢出效应不显著。从总效应来看，能源结构对资源环境约束下物流业发展质量提升的正向影响最为突出，其次为经济发展水平、技术创新水平、对外开放水平、城镇化水平和环境规制水平；能源强度对资源环境约束下物流业发展质量提升的负向影响最为突出，其次为产业结构。这说明能源结构调整不但是发展绿色物流的外在驱动，也是物流业本身转型升级、提质增效的内在需求。

6.3　局部空间计量模型分析

6.3.1　GTWR 模型的选择

全局空间面板计量模型能揭示各提升因素对所有时期和省份物流业发展质量的平均影响，无法反映各提升因素对不同省份和不同时期的时空异质性影响作用。本书以狭义和广义物流业发展质量为被解释变量，以经济发展水平等8个提升因素为解释变量，分别构建 GWR、TWR 和 GTWR 模型，各模型的估计结果详见表6.8。

表 6.8 GWR、TWR 和 GTWR 模型估计结果对比

项目	lnLEQ			lnLCQ		
	TWR	GWR	GTWR	TWR	GWR	GTWR
R²	0.7051	0.9452	0.9560	0.6970	0.9293	0.9312
R² Adjusted	0.7034	0.9318	0.9485	0.6919	0.9281	0.9300
ResidualSquares	2.5675	0.5738	0.5692	2.4967	0.5824	0.5673
Sigma	0.0783	0.0354	0.0316	0.0721	0.0348	0.0344
AICc	− 1052.1300	− 1497.5600	− 1545.3900	− 1073.1100	− 1505.7500	− 1539.4300
Spatio-temporal Distance Ratio	—	—	1.0000	—	—	1.0000
Trace_of_SMatrix	37.2456	125.5231	123.6720	39.1989	128.046	122.3280

从表 6.8 可见，不管是狭义物流业发展质量还是广义物流业发展质量，就 R^2 而言，GTWR > GWR > TWR 模型；而对 ResiduallSquares、sigma 和 AICc 而言，GTWR < GWR < TWR 模型，这说明 GTWR 模型的整体拟合度是最优的，适合本书中的局部空间计量分析。GTWR 模型对 2005～2020 年 30 省份每个时空观测点都进行了局部回归，在地理位置的变化过程中对不同时点的每个参数进行估计，能够较好地反映各提升因素的空间依赖性和时空差异性，回归系数有很强的解释性。

基于 ArcGIS10.8 软件和 GTWR 模型工具包，以狭义和广义视角资源环境约束下物流业发展质量分别为被解释变量，以经济发展水平（LnEL）等 8 个提升因素为解释变量，运用 GTWR 模型对 2005～2020 年中国 30 省份资源环境约束下物流业发展质量提升的影响作用进行分析。根据 GTWR 模型回归结果，各提升因素分别在 30 个省份 2005～2020 年各年都有特定的回归系数，即各因素分别有 480 个回归系数，所有因素的回归系数均显著，各因素的回归系数可以直接解释各提升因素对物流业发展质量的异质性影响，可用于分析不同时期不同区域各因素对物流业发展质量提升的影响作用。由于狭义和广义物流业发展质量的回归系数较为一致，下面仅以广义视角资源环境约束下物流业发展质量的回归系数为例进行分析。

6.3.2 提升因素影响作用的时空变化特征

为更直观地展示各因素对资源环境约束下物流业发展质量提升影响作用的时空差异，本节结合 ArcGIS10.8 分级色彩展示各提升因素的时空变化特征。由于研究期内各因素回归系数在时序变化上较规律，故以 2005 年、2010 年、2015 年和 2020 年等四个年份为特征年份，对其影响作用进行分析。

（1）经济发展水平对物流业发展质量提升的时空变化。从 2005 年经济发展水平的回归系数看，东部的上海、江苏等地，经济发展对物流业发展质量提升表现为负向作用，系数值在 $-0.2622 \sim 0$ 之间，这和全局计量模型中经济发展对物流业发展质量的负向直接效应表现一致，可能与在 2005 年中国东部经济还处在粗放发展阶段有关。2010 年，负向作用区域增加了河南、湖南，有向内陆地区扩大趋势，其回归系数在 $-0.8582 \sim 0$ 之间，表明经济发展水平对物流业发展质量提升的抑制作用区域扩大，抑制强度加大。2015 年，负向作用区域继续向西南内陆地区扩散，呈扩大趋势，贵州、云南回归系数由正转负，其回归系数在 $-0.1335 \sim 0$ 之间，表明抑制强度在减小，抑制区域向西南内陆地区转移。2020 年，回归系数全部为正，没有负向系数区域，较高系数区域体现在浙江等省份，次低系数区域主要体现在河南、广西等地，大致呈现出东南高、西北低的阶梯分布特征。表 6.9 展示了特征年份各省经济发展水平的时空地理加权回归系数。

表 6.9　　　特征年份各省经济发展水平的时空地理加权回归系数

省份	2005 年	2010 年	2015 年	2020 年
北京	0.184168	0.030534	0.091051	0.113945
天津	0.164789	0.053632	0.111946	0.104138
河北	0.120393	0.039531	0.063120	0.115488
山西	0.117671	0.007798	0.086654	0.112341
内蒙古	0.105307	0.030567	0.090349	0.114097

省份	2005 年	2010 年	2015 年	2020 年
辽宁	0.550814	0.347212	0.187330	0.313811
吉林	0.500766	0.301127	0.236341	0.150889
黑龙江	0.392975	0.292737	0.249851	0.213018
上海	− 0.172017	− 0.140805	− 0.133508	0.178709
江苏	− 0.078001	− 0.077405	− 0.053251	0.163086
浙江	− 0.191176	− 0.090935	− 0.110945	0.442005
安徽	− 0.126274	− 0.227093	0.073822	0.174522
福建	− 0.032308	0.066984	0.190377	0.231987
江西	− 0.262244	− 0.494931	0.032236	0.510556
山东	0.157938	0.161355	0.125909	0.123860
河南	0.122759	− 0.107176	− 0.012172	0.079914
湖北	− 0.176101	− 0.858257	− 0.113777	0.260331
湖南	0.061157	− 0.149928	− 0.016771	0.130145
广东	0.245927	0.206126	0.200013	0.302460
广西	0.284120	0.352224	0.157164	0.050022
海南	0.323447	0.276943	0.214947	0.016155
重庆	0.143123	0.093965	0.055354	0.096408
四川	0.121189	0.095908	0.055561	0.066473
贵州	0.230972	0.104235	− 0.049466	0.166937
云南	0.126827	0.026998	− 0.045500	0.106059
陕西	− 0.050908	− 0.045077	− 0.041689	0.108323
甘肃	0.101663	0.057518	0.039720	0.103493
青海	0.035227	0.026924	0.018421	0.042103
宁夏	0.186188	0.135521	0.136446	0.126400
新疆	0.267282	0.188630	0.172428	0.183021

由表 6.9 可知,经济发展水平对各省物流业发展质量的回归系数有正值和负值,但正值占据主导地位。总体上,2005~2020 年,经济发展水平对物流业发展质量的影响作用存在明显的时空差异。在 2005~2015 年,抑制作用从东南沿海向内陆扩展,表明此时在这些区域经济发展水平的提升会带来物流业发展质量的降低。这可能的原因是在这期间,经济发展以牺牲资源和

环境为代价，粗放式的经济增长对资源环境约束下物流业发展质量的影响是负向的，而随着2010年之后西北内陆地区承接沿海发达地区产业转移，这种负向作用开始在内陆地区蔓延。在2015年之后，中国东南沿海地区经济发展水平高，人民对美好的生态环境要求高于经济增长要求，且有更多资金投入到环境治理中来，故在2020年表现为经济发展水平对物流业发展质量的强促进作用，这也说明了东南沿海区域对绿色发展理念贯彻更为深入，更注重生态环境保护和经济绿色转型发展。2020年，全部省份的经济发展水平回归系数均为正值，说明随着"两山"理念在各级政府层面的贯彻实施，以绿色发展为引领推进经济发展成效突出，进而表现为经济发展对物流业发展质量提升的正向作用。

（2）产业结构对物流业发展质量提升的时空变化。2005年，产业结构较高正值系数区域主要集中在陕西、山西等地，较低负值系数区域集中在东南部的湖南、江西等地。2010年，较高正值系数区域向西南部转移，较低负值系数区域从东南地区向东南沿海地区集中。2015年，较高正值系数区域整体向南部转移，产业结构对物流业发展质量的强促进区域集中在西南一带；较低负值系数区域从东南沿海向南部沿海地区扩散，表现出了产业结构对物流业发展质量的强抑制作用。2020年，正值系数区域向中国北部转移，甘肃、陕西、山西回归系数由负转正；负值系数区域进一步在东南沿海地区集聚，表现出产业结构发展对物流业发展质量由促进作用转向抑制作用。表6.10展示了特征年份产业结构的时空地理加权回归系数。

表6.10 　　　　　特征年份各省产业结构的时空地理加权回归系数

省份	2005 年	2010 年	2015 年	2020 年
北京	0.462617	0.260944	0.044809	0.041594
天津	0.481186	0.270968	0.020179	0.041477
河北	0.312550	0.312299	0.040779	0.067109
山西	0.273004	− 0.003603	− 0.000695	0.071159
内蒙古	0.255496	− 0.068271	0.044501	0.073386
辽宁	− 0.083758	− 0.098101	− 0.135827	− 0.030580

省份	2005 年	2010 年	2015 年	2020 年
吉林	-0.105852	-0.104126	-0.107519	-0.111962
黑龙江	-0.104755	-0.104037	-0.105513	-0.108075
上海	-0.589921	-0.602422	-0.454493	-0.368168
江苏	-0.367810	-0.583152	-0.548873	-0.377370
浙江	-0.515549	-0.501531	-0.441579	-0.320414
安徽	-0.338031	-0.658343	-0.566693	-0.474145
福建	-0.227358	-0.094054	-0.087656	-0.258248
江西	-0.406817	-0.068682	0.498313	-0.211769
山东	0.368102	0.280326	0.031731	0.084254
河南	0.123437	-0.019130	-0.126938	-0.183857
湖北	0.013941	0.033778	0.340474	-0.090588
湖南	-0.303075	0.321194	0.291619	0.307453
广东	0.347706	-0.045740	-0.294264	-0.077806
广西	-0.235695	0.274775	-0.209836	-0.464434
海南	0.191005	0.076161	-0.070104	-0.439475
重庆	-0.061371	0.328039	0.324437	0.397578
四川	-0.080751	0.312315	0.355679	0.430737
贵州	-0.095023	0.369876	0.491249	-0.025504
云南	0.477682	0.416801	0.311984	0.104402
陕西	0.891694	0.513317	-0.158481	0.202431
甘肃	0.056314	-0.010637	-0.075104	0.123682
青海	-0.027429	-0.063373	-0.083582	-0.074067
宁夏	0.070323	-0.109903	0.048654	0.051171
新疆	0.092348	-0.007230	-0.037814	-0.111001

由表 6.10 可知，产业结构回归系数有正值和负值，说明第二产业发展对资源环境约束下物流业发展质量提升既有抑制作用也有促进作用，时空差异较大。总体上，2005～2020 年，产业结构对资源环境约束下物流业发展质量的影响存在明显的时空差异。产业结构对物流业发展质量的强促进区域由"北强南弱"演变为"南强北弱"格局，强抑制作用区域由南部内陆向南部沿海转移。这可能的原因是物流行业的发展主要依靠的是工业品的流通，而

随着东南部沿海地区产业结构的升级、第三产业的发展，短期内物流业的规模效应会受到不利影响，从而导致物流业发展质量降低，这警示我们中国经济的产业结构调整不应过分强调第三产业的比重和规模的快速扩张，更要注重工业与物流业的融合联动发展。

（3）环境规制对物流业发展质量提升的时空变化。从 2005 年环境规制回归系数来看，多数省份环境规制对物流业发展质量表现为抑制作用，仅在西部的广西、重庆等地表现为促进作用。2010 年，环境规制正向作用区域分别向东北和西南方向扩散，在西南地区和中部地区省份均表现为环境规制对物流业发展质量的促进作用。2015 年，环境规制的促进作用区域逐步向东北方向转移，天津等省份回归系数由负转正，且回归系数绝对值较 2010 年大幅增加，表明环境规制对物流业发展质量的促进强度有所提高。2020 年，环境规制大多表现为促进作用，较高强度促进区域明显增多，集中分布在东南区域，仅在东北三省、西北地区的部分区域表现为抑制作用。表 6.11 展示了特征年份环境规制的时空地理加权回归系数。

表 6.11　　　　　特征年份各省环境规制的时空地理加权回归系数

省份	2005 年	2010 年	2015 年	2020 年
北京	- 0.043570	0.000057	0.019578	0.020023
天津	- 0.025975	- 0.002300	0.020244	0.019357
河北	- 0.048587	- 0.010949	0.005656	0.014773
山西	- 0.042117	- 0.007124	- 0.012235	0.012789
内蒙古	- 0.031207	0.001920	0.002438	0.015125
辽宁	- 0.026473	- 0.083156	- 0.085158	- 0.019754
吉林	- 0.074011	- 0.088134	- 0.090326	- 0.090591
黑龙江	- 0.083751	- 0.089255	- 0.090848	- 0.092457
上海	- 0.025242	- 0.007372	0.027636	0.020522
江苏	- 0.043703	0.001083	0.005832	0.034478
浙江	- 0.047786	- 0.015444	0.023414	0.019015
安徽	- 0.052730	0.027133	0.010898	0.047513
福建	- 0.033183	- 0.001611	0.028083	0.036095
江西	- 0.070176	0.005790	0.003860	˙0.043181

省份	2005 年	2010 年	2015 年	2020 年
山东	− 0.058919	− 0.005394	0.006918	0.011985
河南	− 0.055744	0.003544	− 0.016332	0.011063
湖北	− 0.069314	− 0.044654	0.051134	0.027471
湖南	− 0.040418	0.029108	0.062569	0.027225
广东	− 0.031541	− 0.010735	0.017015	0.023245
广西	0.021236	0.005617	0.017771	0.030026
海南	− 0.001435	0.004485	0.011392	0.027763
重庆	0.039194	0.000581	− 0.013880	− 0.009363
四川	0.000570	0.019655	− 0.009703	− 0.016836
贵州	− 0.007697	0.003349	− 0.005954	− 0.022205
云南	− 0.008175	0.000850	− 0.000769	− 0.033430
陕西	0.038129	0.020844	0.013318	0.008997
甘肃	− 0.016938	− 0.017108	− 0.008116	0.004926
青海	− 0.012289	− 0.012117	− 0.011760	− 0.009437
宁夏	− 0.005482	− 0.010173	0.006952	0.019628
新疆	− 0.004716	− 0.002227	− 0.001935	− 0.002628

由表 6.11 可知，环境规制回归系数有正值和负值，说明环境规制对资源环境约束下物流业发展质量提升在不同省区和不同年份具有不同的影响作用。总体上，2005～2020 年环境规制影响作用存在明显的时空差异，由 2005 年抑制作用占据主导地位逐步演变为 2020 年促进作用占据主导地位，这说明环境规制对物流业发展质量的促进作用逐步显现，增加污染治理投资额、提高环境规制强度可有效地促进物流业发展质量的提升。东北三省、青海、新疆五省份回归系数始终为负值，说明在这些区域增加环境规制强度将会降低物流业发展质量，而同等比例的环境规制提升在东南地区将比中国北部地区带来更多物流业发展质量的提高。这可能的原因是东南地区经济和产业基础较好，具有长江等航运资源优势，且距离出海口较近，具有发展港口物流、江海联运等大宗物流优势，环境规制政策下节能减排措施相较于北部省份更好实施，凸显了环境规制对物流业发展质量的提升效果。

（4）能源结构对物流业发展质量提升的时空变化。从 2005 年能源结构回归系数来看，能源结构较强促进区域集中在云南、贵州、广东、海南等中国南部省份，回归系数在 0.2447 ~ 0.3152；而较弱促进作用区域集中在吉林、青海等省份，回归系数在 0.0551 ~ 0.06748，呈现出促进强度由南向北逐步递减态势。2010 年，较强促进区域向东南方向转移，河南、山东、浙江等地系数值呈增加趋势，表现出强劲的促进作用；较弱促进区域向中国北部地区集聚，南北格局有向东西格局转变的趋势。2015 年，强促进区域向东南沿海的上海、浙江等省份集聚；较弱促进作用区域向西北、西南地区集中，回归系数在 0.0522 ~ 0.0640。2020 年，强促进区域向东南部和中部集聚，弱促进区域进一步向西南和西北地区集中，大致呈现出东南向西北方向强度逐步递减格局。表 6.12 展示了特征年份能源结构的时空地理加权回归系数。

表 6.12　　　　　特征年份各省能源结构的时空地理加权回归系数

省份	2005 年	2010 年	2015 年	2020 年
北京	0.087236	0.185223	0.153385	0.160298
天津	0.126959	0.178070	0.151822	0.166460
河北	0.093611	0.182880	0.159147	0.139818
山西	0.087594	0.060355	0.124663	0.133004
内蒙古	0.082745	0.063939	0.167547	0.147511
辽宁	0.086616	0.060246	0.083546	0.185900
吉林	0.067408	0.071394	0.078749	0.096021
黑龙江	0.070347	0.073416	0.078097	0.085785
上海	0.164258	0.233538	0.229323	0.129714
江苏	0.235690	0.201882	0.097574	0.088868
浙江	0.170207	0.251908	0.200873	0.227851
安徽	0.205262	0.258757	0.112024	0.127703
福建	0.147282	0.076005	0.223604	0.187765
江西	0.070980	0.076928	0.131533	0.308661
山东	0.061494	0.147142	0.155144	0.124356
河南	0.129203	0.154205	0.114192	0.140405
湖北	0.146818	0.049880	0.223486	0.193204

省份	2005 年	2010 年	2015 年	2020 年
湖南	0.098119	0.112775	0.193811	0.186927
广东	0.193314	0.216276	0.064036	0.115385
广西	0.315295	0.251139	0.062773	0.004214
海南	0.269060	0.201991	0.129706	0.005395
重庆	0.149667	0.123587	0.121365	0.146651
四川	0.085526	0.115832	0.131370	0.151913
贵州	0.295008	0.207303	0.146940	0.002127
云南	0.244798	0.137372	0.123655	0.026061
陕西	0.082001	0.065142	0.073984	0.114094
甘肃	0.061943	0.060115	0.054256	0.098082
青海	0.055135	0.063012	0.052290	0.052524
宁夏	0.057790	0.056251	0.113674	0.069940
新疆	0.099918	0.102632	0.100774	0.082429

由表 6.12 可知，能源结构的回归系数均为正值，但系数存在较大差异，说明能源结构对资源环境约束下物流业发展质量具有促进作用，但在不同省份其促进强度不同。总体来看，2005~2020 年，以电力能源表征的能源结构对物流业发展质量的促进强度表现出显著的时空差异。强促进区域由"南强北弱"南北格局演变为"东南强西北西南弱"的东西格局。这可能的原因是电力能源被认为是清洁能源，物流业电力设施设备比起汽油柴油设备被认为对环境生态友好，得到了大规模推广应用。由于南部年平均气温较北部高，电力物流设施设备充放电比例更高，且中国南部环保意识普遍较强，有利于电力物流设施设备的推广和应用。而在后续电力设施设备大规模应用后，东南地区由于其发达的经济水平，电力设施设备的运营规模优势得以发挥。相对于中部地区，西北和西南地区多地域广阔，地形多高原盆地，人口密度较低，电力物流设施设备续航能力较汽油柴油设施设备低，在进行运输等物流作业时能源利用效率也就更低，不利于物流业发展质量的提升。

（5）能源强度对物流业发展质量提升的时空变化。从 2005 年能源强度的回归系数看，在东北三省、广东、上海、江苏，能源强度对物流业发展质量起到促进作用，而在其他省份起到抑制作用。2010 年，抑制作用区域减少而促进作用区域增加，回归系数总体呈现由北向南依次降低的格局。2015年，抑制作用区域进一步减少，促进作用区域进一步增加。四川、贵州等五省份表现为能源强度对物流业发展质量的抑制作用，而东北三省、安徽表现为能源强度对物流业发展质量的强促进作用。2020 年，能源强度回归系数全部为正，大致呈现出南高北低的阶梯分布特征。表 6.13 展示了特征年份各省能源强度的时空地理加权回归系数。

表 6.13　　　　特征年份各省能源强度的时空地理加权回归系数

省份	2005 年	2010 年	2015 年	2020 年
北京	− 0.102843	− 0.057786	0.046173	0.032470
天津	− 0.128427	− 0.053694	0.063446	0.030588
河北	− 0.022048	− 0.046228	0.033704	0.030836
山西	− 0.007475	0.063028	0.047047	0.031030
内蒙古	− 0.006217	0.205324	0.026357	0.028239
辽宁	0.328185	0.288292	0.247881	0.234665
吉林	0.327739	0.280170	0.264000	0.248152
黑龙江	0.307736	0.280898	0.270260	0.267298
上海	0.001701	− 0.014853	− 0.096547	0.126040
江苏	0.095522	0.159857	0.019699	0.109555
浙江	− 0.134494	0.033631	− 0.089771	0.380297
安徽	− 0.027491	− 0.197521	0.225497	0.154777
福建	− 0.032192	− 0.201821	0.096699	0.164315
江西	− 0.369389	− 0.523024	0.123432	0.412192
山东	− 0.057884	0.022238	0.061414	0.029606
河南	− 0.027215	0.068771	0.130695	0.102660
湖北	− 0.073128	− 0.559241	0.022424	0.276880
湖南	− 0.178453	− 0.302802	− 0.038155	0.166950
广东	0.033337	− 0.051379	0.092060	0.287858
广西	− 0.047319	− 0.027959	0.085416	0.156131

省份	2005 年	2010 年	2015 年	2020 年
海南	−0.022735	0.002613	0.009128	0.007309
重庆	−0.075849	0.015294	0.012603	0.054508
四川	−0.031863	−0.013440	−0.007229	0.038342
贵州	−0.111581	−0.064491	−0.011903	0.166510
云南	−0.062280	−0.030618	0.012658	0.132530
陕西	−0.143648	−0.016519	0.089092	0.096268
甘肃	−0.031583	0.050181	0.124564	0.110141
青海	−0.001638	0.042323	0.110664	0.120942
宁夏	−0.008849	0.077832	0.132070	0.105217
新疆	0.216221	0.133774	0.118663	0.113275

由表 6.13 可知，能源强度回归系数有正值和负值，说明我国各省份能源强度与资源环境约束下物流业发展质量既有促进关系也有抑制关系。总体上，2005~2020 年能源强度的抑制作用逐步从北部向南部转为促进作用，表明能源强度的提升对物流业质量发展的抑制作用逐步转为促进作用。这可能的原因是物流业使用能源中煤油、汽油等占据较大比例，电力能源的使用也多是来自煤炭等不清洁能源，作为能源消耗大户，能源的大量消耗才带来了物流业快速发展，以经济单位产值能耗为表征的能源强度增加了，意味着物流业规模的扩大对物流业发展质量的提升有着积极作用。能源强度的降低也意味着物流业发展质量的下降，因此，单位经济产值能耗并不能作为唯一的指标，在煤油，汽油、黑电主导中国物流业能源的情形下，这就要求物流业在降低能源强度的同时，更要注重来自绿电等清洁能源的应用。

（6）城镇化水平对物流业发展质量提升的时空变化。从 2005 年城镇化水平回归系数来看，城镇化大多表现为促进作用，促进作用最强的地区位于江西、湖北，而促进作用较弱的地区位于青海，促进强度差异较大。2010 年，促进作用区域减少而抑制作用区域增加，促进作用区域多集中在黄河流域沿线省份的青海、甘肃等地，浙江、上海等地系数由正转负，表现为城镇化由促进作用转变为抑制作用。2015 年，促进作用区域继续减少而抑制作用区域继续增加。系数值较高区域集中在云南、贵州等地，系数值在 0.0261 ~ 0.0816。2020 年，促进作用区域进一步减少而抑制作用区域进一步增加。促进区域向中国北部集中，内蒙古、河北等地回归系数升高而云南、贵州系数值降低，这意味着促进区域减少但促进强度普遍提高。表 6.14 展示了特征年份各省城镇化水平的时空地理加权回归系数。

表 6.14　　特征年份各省城镇化水平的时空地理加权回归系数

省份	2005 年	2010 年	2015 年	2020 年
北京	0.015054	0.028285	0.026122	0.037837
天津	0.019991	0.027424	0.031955	0.031302
河北	0.014944	-0.005711	0.007217	0.030672
山西	0.022072	-0.001774	0.010358	0.033888
内蒙古	0.013037	0.002575	0.025858	0.033068
辽宁	-0.049365	-0.021427	0.002289	0.004868
吉林	-0.025838	-0.025443	-0.018377	0.005539
黑龙江	-0.026839	-0.026921	-0.022457	-0.010499
上海	0.029222	-0.008910	-0.006389	-0.015707
江苏	0.027461	0.005436	-0.031879	-0.047902
浙江	0.061906	-0.000421	-0.015022	-0.020072
安徽	0.061640	0.033307	-0.069829	-0.068959
福建	0.021293	-0.032382	-0.014481	0.013104
江西	0.101061	0.092921	-0.006493	-0.007203
山东	0.010110	0.008601	0.019405	0.014413
河南	0.044795	0.029189	0.011272	-0.044178
湖北	0.100464	0.147332	-0.034243	-0.015048
湖南	0.078089	-0.034605	-0.039727	-0.003089
广东	-0.133465	-0.030643	-0.006718	-0.016119
广西	-0.020326	-0.081561	-0.064755	-0.036775
海南	-0.113275	-0.082418	-0.056891	-0.030826
重庆	-0.025659	-0.017225	-0.018013	0.023745
四川	-0.000190	-0.012622	-0.005267	-0.003705

省份	2005 年	2010 年	2015 年	2020 年
贵州	− 0.005707	− 0.003942	0.040255	0.002913
云南	0.034165	0.046081	0.081608	0.007282
陕西	0.079832	0.034663	0.011489	0.101909
甘肃	− 0.012925	0.007623	− 0.003050	− 0.010528
青海	0.000835	0.016214	0.012393	− 0.025542
宁夏	0.033072	0.006037	0.032894	− 0.009487
新疆	− 0.094281	− 0.082727	− 0.081618	− 0.085615

由表 6.14 可知，城镇化水平回归系数有正值和负值，说明城镇化水平对资源环境约束下物流业发展质量在不同时期、不同省份呈现不同的作用关系。总体上，城镇化的促进作用逐步转为抑制作用，在北部地区具有促进作用而在东南地区具有抑制作用。这可能的原因是在东北振兴和西部大开发政策的实施下，人口城镇化水平得到极大提高，大量农村人口进入城市，人口的集中导致物流运作的规模效应，进而使得物流业发展质量提升。而在东南部区域，本身人口城镇化水平较高，深度人口城镇化伴随着城市区域的迅速扩张扩建和消费模式的变化，能源和材料的物流需求随之增加，由此增加了物流运输和配送网络的复杂性，从而增加了运输成本，并降低了物流业发展质量。

（7）技术创新水平对物流业发展质量提升的时空变化。从 2005 年技术创新水平回归系数来看，技术创新在大多省份表现为抑制作用，少数省份表现为促进作用。2010 年，促进作用区域增加而抑制作用区域减少，促进作用区域向中国北部的内蒙古、宁夏、陕西、河北和东南部的安徽、江苏等地扩展。2015 年，促进作用区域继续增加，而抑制作用区域继续减少；系数值较高区域集中在湖北、河南等地而抑制作用区域体现在中国北部的内蒙古、吉林等地。2020 年，促进作用区域进一步增加而抑制作用区域进一步减少，江苏、福建等地的回归系数均有不同程度的升高，这意味着技术创新促进区域增加且促进强度普遍提高。表 6.15 展示了特征年份各省以专利授权量为表征的技术创新水平时空地理加权回归系数。

表 6.15　　**特征年份各省技术创新水平的时空地理加权回归系数**

省份	2005 年	2010 年	2015 年	2020 年
北京	− 0. 034806	− 0. 038564	− 0. 029884	− 0. 005573
天津	− 0. 021381	− 0. 037814	− 0. 034463	− 0. 000723
河北	− 0. 063230	− 0. 040159	− 0. 014669	− 0. 006994
山西	− 0. 052468	0. 024353	0. 000742	− 0. 008545
内蒙古	− 0. 049507	0. 000615	− 0. 083434	− 0. 012441
辽宁	− 0. 180727	− 0. 150604	− 0. 071725	0. 040158
吉林	− 0. 202126	− 0. 126144	− 0. 096660	− 0. 044636
黑龙江	− 0. 159753	− 0. 121152	− 0. 101784	− 0. 079441
上海	0. 024517	− 0. 002572	− 0. 050306	0. 020702
江苏	− 0. 003699	0. 026851	0. 035993	0. 050944
浙江	0. 011470	− 0. 009085	− 0. 040218	− 0. 007511
安徽	− 0. 002595	0. 042055	0. 055377	0. 074705
福建	− 0. 017427	− 0. 020404	− 0. 071665	− 0. 015974
江西	0. 000164	0. 090509	0. 083202	− 0. 022615
山东	− 0. 054426	− 0. 026318	− 0. 012304	− 0. 009094
河南	− 0. 057541	0. 082739	0. 124295	0. 115665
湖北	− 0. 012465	0. 182509	0. 129128	0. 108643
湖南	− 0. 092308	− 0. 005739	0. 002562	0. 113813
广东	− 0. 097263	− 0. 067571	0. 032634	0. 004126
广西	− 0. 085321	− 0. 129124	0. 014760	0. 067464
海南	− 0. 120903	− 0. 077277	− 0. 036040	0. 050166
重庆	0. 061570	− 0. 015227	− 0. 005700	0. 044270
四川	0. 036237	0. 018598	0. 008641	0. 040767
贵州	− 0. 055174	− 0. 021361	− 0. 001165	0. 028673
云南	− 0. 086574	0. 017377	0. 044040	0. 012084
陕西	− 0. 026627	0. 004746	0. 065727	0. 049223
甘肃	0. 002277	0. 007441	0. 011851	0. 023516
青海	0. 009175	− 0. 001124	0. 006693	0. 011368
宁夏	− 0. 004071	0. 025808	0. 031256	0. 038955
新疆	− 0. 081313	− 0. 052713	− 0. 045844	− 0. 042704

由表 6.15 可知，技术创新水平回归系数有正值和负值，说明技术创新水平对资源环境约束下物流业发展质量在不同时期、不同省份呈现不同的作用关系。总体上，技术创新抑制作用逐步转为促进作用，中部地区技术创新促进作用较强。这可能的原因是随着中部崛起及中原城市群战略的实施，中部地区拥有连南贯北的交通区位优势，政府对物流业的重视程度不断加大，促使企业通过升级设施和设备提高物流效率。

（8）对外开放水平对物流业发展质量提升的时空变化。从 2005 年对外开放水平回归系数来看，对外开放在大多省份表现为促进作用，少数省份表现为抑制作用，促进作用较强的省份集中在上海、浙江等东南地区。2010 年，较强促进作用区域向北部的内蒙古、陕西等地转移，较弱促进区域向西南部的广西等地转移。2015 年，抑制作用区域增加而促进作用区域减少，较强促进作用区域向北部的甘肃、青海和南部的贵州、湖南分散。2020 年，促进作用区域进一步减少而抑制作用区域进一步增加。较强抑制作用整体呈现从东南到西北逐步递增趋势。表 6.16 展示了特征年份对外开放水平的时空地理加权回归系数。

表 6.16　　　　特征年份各省对外开放水平的时空地理加权回归系数

省份	2005 年	2010 年	2015 年	2020 年
北京	− 0.092289	0.081072	0.041705	− 0.004549
天津	− 0.078442	0.062171	0.034827	− 0.001256
河北	0.010063	0.080983	0.027240	− 0.004087
山西	0.007998	− 0.001889	− 0.002550	− 0.002100
内蒙古	0.012789	0.129365	0.075498	0.003054
辽宁	− 0.034058	0.026173	0.042389	− 0.017579
吉林	0.004700	0.027549	0.033843	0.035563
黑龙江	0.016137	0.027461	0.031616	0.032683
上海	0.053336	0.057452	0.055633	− 0.043772
江苏	0.047275	0.020651	− 0.007133	− 0.053922
浙江	0.062933	0.045892	0.042954	− 0.086924
安徽	0.053508	0.041390	− 0.034601	− 0.069986

续表

省份	2005 年	2010 年	2015 年	2020 年
福建	0.011244	− 0.045321	0.079558	0.003458
江西	0.083156	0.060312	− 0.013617	− 0.075900
山东	− 0.073950	− 0.014073	− 0.000721	− 0.014708
河南	0.001279	− 0.041327	− 0.092338	− 0.078735
湖北	0.053039	0.062618	− 0.001247	− 0.099709
湖南	0.033230	− 0.008297	0.052509	− 0.044298
广东	0.002361	0.015040	− 0.008417	0.021357
广西	0.035595	0.013352	0.013207	0.034113
海南	0.020060	0.011104	0.009905	0.018225
重庆	− 0.077695	0.005945	0.005403	− 0.040027
四川	− 0.066911	− 0.031393	− 0.019723	− 0.025773
贵州	0.003639	0.001725	0.044222	0.013396
云南	0.040952	− 0.029902	− 0.002541	0.025416
陕西	0.021997	0.153777	0.070275	− 0.018080
甘肃	− 0.028297	− 0.014593	0.020345	0.016329
青海	− 0.022861	0.001873	0.023055	0.024827
宁夏	− 0.004026	− 0.025270	− 0.011294	0.014325
新疆	0.061585	0.051798	0.048523	0.041279

由表6.16可知，对外开放水平回归系数有正值和负值，说明对外开放水平对资源环境约束下物流业发展质量在不同时期不同省区呈现不同的作用关系。总体上，2005~2020年，对外开放水平的影响作用存在明显的时空差异，促进作用逐步向抑制作用转移，在东南部表现为促进作用而在西北部及西南沿海地区表现为抑制作用。这可能的原因是在于中国实施改革开放以来，东南部靠近沿海具有优先获得对外交流贸易的条件，在研究初期，对外开放水平通过技术溢出效应和规模效应对物流业发展质量具有强大的促进作用，而根据"污染避难所假说"，对外开放水平的提高也会由于外商项目的高能耗、高污染项目而造成严重的环境影响，从而在研究期后期出现了对外开放水平对物流业发展质量的强抑制作用。因此，当前各地针对外商投资项目应该制定严格的准入标准，有选择地吸引外资。

6.4 本章小结

本章以狭义和广义资源环境约束下物流业发展质量为因变量，以经济发展水平等 8 个提升因素为自变量，从全局和局部空间计量模型两个方面分析了物流业发展质量提升因素的独立影响，主要研究内容和结论如下：

（1）时空双固定的空间杜宾模型表明，中国物流业发展质量提升存在显著的正向空间溢出效应，相邻区域的物流业发展质量的提升会带动本区域的物流业发展质量提升，本区域物流业发展质量也会随着相邻区域物流业发展质量的提升而提升。信息空间联系加强了物流业发展质量的空间溢出效应，狭义物流业发展质量的空间溢出效应更强。

（2）基于提升因素的空间溢出效应分析结果表明，某一地区经济发展水平、能源结构、技术创新的提升可促进该地区邻近区域物流业发展质量的提升，而能源强度的降低可促进该地区邻近区域物流业发展质量的提升，产业结构、环境规制、城镇化水平、对外开放水平的空间溢出效应不显著。

（3）基于提升因素的总效应分析结果表明，能源结构对物流业发展质量提升的正向影响最为突出，其次为经济发展水平，技术创新水平、对外开放水平、城镇化水平和环境规制水平；能源强度对物流业发展质量提升的负向影响最为突出，其次为产业结构。

（4）基于 GTWR 模型的分析结果表明，各因素对物流业发展质量提升影响存在时空非平稳性。能源结构对物流业发展质量提升表现为一致的正向作用，其他因素在不同时期和不同省份同时存在正向作用和负向作用，但和时空双固定的空间杜宾模型总效应结果基本保持一致。其中，能源结构的强促进区域逐步由"北弱南强"南北格局演变为"西北西南弱东南强"的东西格局，经济发展水平和环境规制的强促进区域逐步向东南沿海地区转移，技术创新水平对物流业发展质量强促进作用区域逐步向中部地区集中。

| 第 7 章 |

资源环境约束下中国物流业发展质量提升的
组态路径分析

第 6 章考察了各单一因素对狭义和广义视角资源环境约束下中国物流业发展质量提升的独立影响作用。然而，在复杂因果的多因素协同背景下，各因素还可通过"殊途同归"的方式达成物流业发展高质量或非高质量的结果。本章从多因素协同配置视角，运用 fsQCA 方法揭示经济发展水平等 8 个因素如何以组合形式构成路径影响物流业发展高质量或非高质量，通过对 30 省份中狭义和广义物流业发展高质量和非高质量的典型案例的组态路径分析，探索资源环境约束下中国物流业发展质量提升路径。

7.1 QCA 方法应用分析

7.1.1 fsQCA 方法

回归计量模型可以清晰地揭示每个因素对结果变量的贡献程度，但难以揭示多因素共同作用与结果变量之间的复杂关系。为此，美国社会学家拉金

（Ragin）使用布尔代数和集合论思想在 1987 年提出定性比较分析法（quali-tative comparative analysis，QCA），将定性与定量相结合，解释不同变量组合及路径导致特定结果的"复杂因果关系"，该方法已被广泛应用于社会学、政治学和管理学领域[203-207]。

QCA 方法探究定性和定量的跨案例比较是一种案例导向的研究方法，其主要特点表现为组态思维和非对称性。QCA 研究各影响因素的相互协同作用而非各影响因素的单一作用，类似于化学研究中关注的是，在不同条件下不同物质的不同组合产生"何种化学反应"和"何种新物质"[63]。基于现实经济社会现象中广泛存在的"多重并发因果关系"，QCA 采用整体组态视角，通过不同案例比较分析不同影响因素和特定结果之间的因果关系，简化出产生特定结果的影响因素组合[203]。由于在多个案例中，达成特定结果的不同影响因素的组合不具唯一性，每一个达成结果的影响因素组合为一条具体路径，形成"殊途同归"的效果，并可进一步指出各因素组合构成"充分"或"必要"条件的程度。QCA 的非对称性解释了现实经济社会现象中"导致成功和失败的原因往往是不同的"，即存在非对称性的因果关系（A→B 成立，但 ~A→ ~B 未必成立），突破了线性回归中因果关系的统一性假定，揭示失败案例和成功案例间的差异性，及各案例间影响因素相互依赖的组态效应。

考虑中国物流业发展的现实情况，资源环境约束下物流业发展质量是多个因素共同作用的结果，除了考虑各因素对物流业发展质量的独立影响，还应考虑各因素的组合协同效应。另外，现实中各因素对物流业发展质量的影响是非对称性的，这在第 6 章的 GTWR 模型分析中也可以验证。比如，较高的经济发展水平可以提升资源环境约束下物流业发展质量，但也存在经济发展水平高而物流业发展质量不高的地区。第 6 章已经对经济发展水平等因素对物流业发展质量的独立影响作用进行了分析，但不同因素组合产生的协同效应仍不清晰。因此，本章利用 QCA 方法分析资源环境约束下物流业发展质量提升的组态路径，找出资源环境约束下物流业发展高质量和非高质量每条路径的典型案例，以此来探究物流业发展质量提升的路径。目前 QCA 方法主要包括 csQCA（crisp-set QCA）清晰集定性比较分析法、mvQCA（multi-value QCA）多值集定性比较分析法和 fsQCA（fuzzy-set QCA）模糊集定性比较分析法，其中，csQCA 和 mvQCA 为 fsQCA 的特例，仅适合处理类别问题[205]，本书使用适用性更强的 fsQCA 方法研究资源环境约束下物流业发展质量的提升组合路径。

7.1.2　单因素变量校准

在第 6 章中分析的提升因素变量（即条件变量）和资源环境约束下物流业发展质量（即结果变量）均属连续性变量，而 fsQCA 方法是基于案例间的定性比较，分析各条件变量组合和结果变量的必要和充分关系。只有将原始变量数据校准为各条件和结果变量的集合模糊隶属分数后，才可进行必要和充分性分析[205]。fsQCA 方法的第一步即是将各变量转化为 0 ~ 1 的集合隶属度，通过变量校准确定模糊集，以满足布尔运算逻辑。

本书将 8 个提升因素和两个结果变量样本的95%、5%分位数分别作为完全隶属和完全不隶属的锚点，以 50% 分位数为交叉点，对原始数据进行变量校准[208,209]。为了防止交叉点案例丢失，借鉴格雷克哈默（Greckhamer)[210]做法，将数据校准后隶属度为 0.5 的值修改为 0.501。由于 QCA 无法处理时序性数据，本书选择 2020 年各提升因素和结果变量进行研究（同时对 2005 ~ 2019 年各变量进行检验，结果同 2020 年基本一致，限于篇幅等因素，仅展示 2020 年相关结果）。2020 年各变量的校准点如表 7.1 所示。

表 7.1　资源环境约束下中国物流业发展质量及其提升因素变量校准表

变量类别	变量名称	目标集合	锚点		
			完全隶属 0.95	交叉隶属 0.5	完全不隶属 0.05
结果变量	LEQ	狭义上高发展质量	1.3759	0.6106	0.3335
	LCQ	广义上高发展质量	0.4070	0.2224	0.1584

变量类别	变量名称	目标集合	锚点		
			完全隶属 0.95	交叉隶属 0.5	完全不隶属 0.05
条件变量	EL	经济发展水平高	14.0708	5.8361	4.3480
	IS	第二产业占比高	43.3123	38.1022	21.9816
	ENR	环境规制强度高	12.4309	3.9748	0.3744
	ES	电力能源占比高	13.0714	5.7823	3.5303
	EI	能源强度高	3.2383	0.6156	0.3217
	UL	城镇化水平高	86.2625	62.6530	52.6435
	TIL	技术创新水平高	45.0807	6.7979	0.8101
	OL	对外开放水平高	12.4731	1.5185	0.1822

7.1.3 单变量必要性分析

单变量必要性分析是指在 fsQCA 方法中，判断各条件变量对导致资源环境约束下物流业高发展质量出现的必要性，用于检验单个条件（或其逻辑非状态）是否成为资源环境约束下物流业高发展质量的必要条件。必要条件是实现物流业高发展质量（或非高发展质量）产生而必须存在的条件变量，而该条件变量的存在并非一定导致物流业高发展质量产生。单变量必要性分析采用一致性和覆盖度两个指标来反映该变量必要的概率，其中，一致性用来衡量物流业高发展质量的集合有多大概率隶属于条件变量集合，而覆盖度则用来反映各条件变量和条件变量集合对物流业发展高质量的解释程度，计算公式分别为：

$$\text{Consistency}(X_i \leq Y_i) = \sum \min(X_i, Y_i) \bigg/ \sum X_i \qquad (7.1)$$

$$\text{Coverage}(X_i \leq Y_i) = \sum \min(X_i, Y_i) \bigg/ \sum X_i \qquad (7.2)$$

其中，X_i 为第 i 个省份案例各条件变量集合，Y_i 为第 i 个省份案例物流业高发展质量的结果变量集合。在 QCA 方法中，如果物流业高发展质量和非高发展质量结果出现时，某单个条件变量始终存在，则该条件为出现结果的必要条件。当该条件变量一致性水平大于 0.9 且覆盖度大于 0.5，并通过了 X－Y 散点图检验，才认为该条件为出现结果的必要条件[211]。而当该条件变量一致性检验值小于 0.9，则认为该条件对物流业高发展质量或非高发展质量的解释力度较弱，需要将该条件纳入组态条件进行 QCA 分析[212]。参考张明和杜运周[213]的做法，运用 fsQCA3.0 分别以狭义和广义视角资源环境约束下物流业发展质量（LEQ 和 LCQ）为结果变量，以 8 个提升因素为条件变量进行单变量必要性检验，检验结果详见表 7.2。

表 7.2　资源环境约束下物流业发展质量单变量必要性分析结果

条件变量	LEQ 高质量		LEQ 非高质量		LCQ 高质量		LCQ 非高质量	
	一致性	覆盖率	一致性	覆盖率	一致性	覆盖率	一致性	覆盖率
EL	0.7628	0.7188	0.5150	0.6143	0.7777	0.7793	0.5183	0.5872
~EL	0.5906	0.4903	0.7643	0.8031	0.5881	0.5192	0.8052	0.8037
IS	0.7205	0.5885	0.6307	0.6521	0.7585	0.6589	0.6143	0.6033
~IS	0.5740	0.5511	0.6020	0.7317	0.5433	0.5548	0.6526	0.7534
ENR	0.6134	0.5784	0.6008	0.7172	0.6790	0.6809	0.5660	0.6417
~ENR	0.7001	0.5808	0.6468	0.6792	0.6427	0.5670	0.7186	0.7168
ES	0.6632	0.6597	0.5280	0.6649	0.7025	0.7431	0.4887	0.5845
~ES	0.6631	0.5260	0.7297	0.7328	0.6072	0.5123	0.7852	0.7490
EI	0.4894	0.5184	0.5471	0.7336	0.5881	0.6624	0.5377	0.6848
~EI	0.7485	0.5663	0.6408	0.6137	0.7202	0.5794	0.7349	0.6686
UL	0.7492	0.7070	0.5264	0.6287	0.8190	0.8218	0.4957	0.5624
~UL	0.6065	0.5029	0.7547	0.7921	0.5638	0.4972	0.8429	0.8404
TIL	0.7054	0.7514	0.4350	0.5865	0.6626	0.7506	0.4504	0.5768
~TIL	0.6118	0.4610	0.8156	0.7780	0.6264	0.5020	0.8053	0.7297
OL	0.7070	0.7353	0.4350	0.5726	0.6513	0.7204	0.4736	0.5923
~OL	0.5890	0.4516	0.7989	0.7754	0.6313	0.5147	0.7764	0.7157

注：~代表逻辑非。

从表7.2中可以看出，8个条件变量及其逻辑非条件变量的一致性水平均小于0.9，表明没有某个单一条件变量是构成物流业高发展质量和非高发展质量的必要条件。即在多因素的复杂情形下，物流业发展质量的提升是多个条件变量以组合协同的组态方式起作用的，而不存在某个条件变量单独引起物流业发展质量的提升。

7.2 物流业发展质量的条件组态结果分析

7.2.1 高发展质量组态化路径分析

条件组态分析可揭示多条件的不同组态路径导致既定结果的充分性，即从集合论角度探讨多条件构成的组态集合与结果集合的关系。组态化分析中的一致性表示在该条件组态下有多大可能实现结果，频数阈值表示拥有既定结果的条件组态至少覆盖了多少个案例。

本节以狭义和广义视角资源环境约束下物流业高发展质量（LEQ 和 LCQ）为结果变量，以经济发展水平等8个提升因素为条件变量进行条件组态的充分性分析。参考弗拉姆巴赫等（Frambach et al.）[214]做法，以 0.8 作为一致性阈值，设定案例阈值为1，设定 PRI（proportional reduction in inconsistency）不一致性阈值为 0.75，针对校准后的真值表进行 fsQCA 分析，并在反事实分析中假定8个条件变量及其逻辑非状态都有可能导致物流业高发展质量。

fsQCA 组态化分析可产生复杂解、简约解和中间解。其中，中间解纳入了逻辑余项的容易反事实部分，可最好地反映研究结果，解释力度较高[205]。以同时出现在中间解和简单解中的条件为核心条件、以出现在中间解中的其余条件为边缘条件得到表7.3。

表7.3　狭义和广义视角资源环境约束下中国物流业高发展质量的

条件组态路径

条件变量	LEQ 高质量					LCQ 高质量				
	LEQ1	LEQ2	LEQ3	LEQ4	LEQ5	LCQ1	LCQ2	LCQ3	LCQ4	LCQ5
EL	●	○	○	●	△	●		○	○	△
IS	▲	●		▲	○	▲	●	●		○
ENR	○	●			○	○	●	●		
ES			○	△	○		○		○	●
EI		△	●	●	●		○	△	●	●
UL	○	●	●	△	△	○	●	●	○	△
TIL	○	●	●	△	●	○	△	●	●	
OL	●	○	○	○	○	●	△	○	○	○
典型案例	上海、北京	江苏、浙江、福建	天津、山东	辽宁	河北	上海、北京	内蒙古、陕西	江苏、浙江、福建	天津、山东	河北
原始覆盖度	0.3308	0.3543	0.2371	0.1691	0.2289	0.2990	0.3218	0.3438	0.2336	0.2081
唯一覆盖度	0.1148	0.1027	0.0279	0.0279	0.0559	0.1001	0.1200	0.1016	0.0177	0.0242
一致性	0.9163	0.8799	0.9515	0.8912	0.9588	0.8807	0.9912	0.9080	0.9969	0.9272
解的覆盖度	0.5870					0.6379				
解的一致性	0.8950					0.9098				

注：●和▲分别代表核心条件存在和缺失；○和△分别代表边缘条件存在和缺失；空格表示该条件无关紧要。

由表7.3可见，在 LEQ 和 LCQ 高质量条件组态结果中，解的一致性和覆盖度均高于临界值0.8和0.5，证明组态路径分析结果有效。LEQ 高质量条件组态结果解的一致性为0.8950，表示在所有满足 LEQ 高质量5条路径的省份案例中，有89.5%的省份案例均呈现 LEQ 高质量；解的覆盖度为0.5870，表示这5条路径可解释58.7%的省份案例出现 LEQ 高质量的情况。LCQ 高质量条件组态结果解的一致性为0.9098，表示在所有满足 LCQ 高质量5条路径的省份案例中，有90.98%的省份案例均呈现 LEQ 高质量；解的覆盖度为0.6379，表示这5条路径可解释63.79%的省份案例出现 LCQ 高质量的情况。对比 LEQ 高质量和 LCQ 高质量组态化路径发现，LEQ1 和 LCQ1、

LEQ2 和 LCQ3、LEQ3 和 LCQ4、LEQ5 和 LCQ5 路径完全一致，证明这些组态化路径具有较强稳健性。结合各路径特征将资源环境约束下中国物流业高发展质量组态化路径归纳为以下三种类型。

（1）经济—开放型。该类型对应 LEQ1 和 LCQ1 路径，其核心条件为 $EL^* \sim IS^*OL$，ENR^*UL^*TIL 为其边缘条件，表示经济发展水平和对外开放水平高，而第二产业占比较低，是实现物流业高发展质量的核心条件，并辅助较高的环境规制水平、城镇化和技术创新水平。对应其他组态类型，经济发展和对外开放水平高是其典型特征，因此，该组态被命名为"经济—开放型"，对应典型案例为上海和北京，其条件组态如图 7.1 所示。

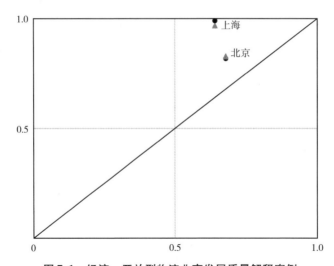

图 7.1　经济—开放型物流业高发展质量解释案例

注：LEQ 和 LCQ 分别用圆点和三角形表示。

由图 7.1 可见，上海在该组态路径中比北京更为成功，以 0.64 的条件组态隶属度实现了平均值为 0.99 的物流业高发展质量隶属度结果。这可能的原因是上海拥有连通国内国际两个市场的国际枢纽港口，具有亚洲第一大海港和世界第一大集装箱港口的国际地位，相比北京，其物流运作规模和效率都比较高。

（2）清洁—技术型。该类型对应 LEQ3 和 LCQ4 路径以及 LEQ5 和 LCQ5 路径，其核心条件均为 ES^*TIL，表示拥有较高的电力能源占比和较高的技术创新水平。由于电力能源是清洁能源的象征，且在 LEQ3 和 LCQ4 路径、LEQ5 和 LCQ5 路径中，环境规制水平高是其共同的边缘条件，因此命名该组态为"清洁—技术"型，对应典型案例为天津、河北和山东，其组态如图 7.2 所示。

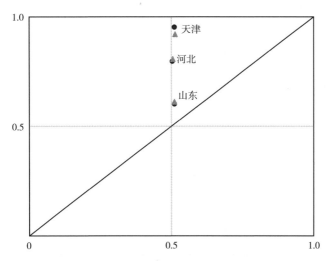

图 7.2　清洁—技术型物流业高发展质量解释案例

注：LEQ 和 LCQ 分别用圆点和三角形表示。

由图 7.2 可见，该组态中天津相比河北和山东更为成功，以 0.51 的条件组态隶属度获得了平均 0.945 的高发展质量隶属度结果。天津和山东的边缘条件为 $EL^* ENR^* \sim EI^* UL$，表示拥有较高的经济发展水平、环境规制水平和城镇化水平，而能源强度较低，说明即使不依托产业和对外开放条件，依靠较强的经济发展水平、环境规制和城镇化水平也可以实现物流业高发展质量。河北的边缘条件为 $\sim EL^* IS^* ENR^* EI^* \sim UL$，表示较低的经济发展水平和城镇化水平以及较强的第二产业、环境规制水平和能源强度，这说明在经济发展水平不高的情况下，依托第二产业的发展和严格的环境规制条件也能实现物流业高发展质量。

（3）全面发展型。该类型对应 LEQ2 和 LCQ3 路径，其核心条件为 $IS^* ENR^* UL^* TIL$，$EL^* \sim EI^* OL$ 是其边缘条件，表示拥有该组态化路径实现物流业高发展质量的省份，其核心是要具有较强的第二产业，较高的环境规制水平、城镇化水平和技术创新水平，并辅以较高的经济发展水平、较低的能源强度以及较高的对外开放水平。该类型涵盖了几乎所有条件变量，因此命名该组态为"全面发展型"，对应典型案例为江苏、浙江和福建，其条件组态如图 7.3 所示。

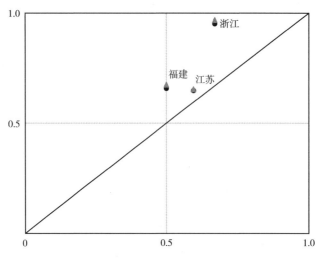

图 7.3 全面发展型物流业高发展质量解释案例

注：LEQ 和 LCQ 分别用圆点和三角形表示。

由图 7.3 可见，浙江在全面发展型组态中比福建和江苏更成功，以 0.67 的条件组态隶属度实现了平均 0.96 的高发展质量隶属度结果。这可能的原因是浙江制造业相对发达，专精特新企业数量和规模均位于全国前列，技术创新水平不断提升；地理位置靠近沿海，具有国际航运物流优势，生态环境治理体系根基牢固。与经济—开放型路径相比，全面发展型路径不仅强调经济发展水平和对外开放水平，更注重第二产业、技术创新和环境规制。

7.2.2 非高发展质量组态化路径分析

由于 QCA 具有非对称性的特点，导致物流业高发展质量和非高发展质量的条件组态很可能是不同的。本节即以狭义和广义视角资源环境约束下物流业非高发展质量（NLEQ 和 NLCQ）为结果变量，以经济发展水平等 8 个提升因素为条件变量进行条件组态的充分性分析。参考弗拉姆巴赫等[214]做法，以 0.8 作为一致性阈值，设定案例阈值为 1，设定 PRI 不一致性阈值为 0.75，针对校准后的真值表进行 fsQCA 分析，并在反事实分析中假定 8 个条件变量及其逻辑非状态都有可能导致物流业非高发展质量。以同时出现在中间解和简单解中的条件为核心条件、以出现在中间解中的其余条件为边缘条件得到表 7.4。

表 7.4　狭义和广义视角资源环境约束下中国物流业非高发展质量的
条件组态路径

条件变量	LEQ 非高质量					LCQ 非高质量				
	NLEQ1	NLEQ2	NLEQ3	NLEQ4	NLEQ5	NLCQ1	NLCQ2	NLCQ3	NLCQ4	NLCQ5
EL	△	▲		○	▲	△	▲	▲		○
IS	△	△	○	○	△	△	△	△	○	○
ENR	○	▲	△	△	○	△	▲	▲	△	△
ES	▲	▲	▲	▲	▲	▲	▲	▲	▲	▲
EI		△	△	△	▲		○	△	△	
UL	△		△	○	△	△		△	○	○
TIL	△	△	○	△	○	△	△	△	△	△
OL	▲	▲	▲	▲	○	▲			▲	▲
典型案例	贵州、云南	黑龙江、青海	江西、湖南	重庆	四川	贵州、云南	黑龙江、青海	海南、青海	江西、湖南	重庆
原始覆盖度	0.2816	0.2679	0.2744	0.2267	0.1885	0.3059	0.2920	0.3021	0.3052	0.2462
唯一覆盖度	0.0686	0.0811	0.0411	0.0226	0.0220	0.0741	0.0244	0.0376	0.0584	0.0238
一致性	0.9613	0.9553	0.9126	0.9405	0.9432	0.9918	0.9893	0.9917	0.9642	0.9702
解的覆盖度	0.5375					0.5973				
解的一致性	0.9444					0.9733				

注：●和▲分别代表核心条件存在和缺失；○和△分别代表边缘条件存在和缺失；空格表示该条件无关紧要。

由表 7.4 可见，在 LEQ 和 LCQ 非高发展质量条件组态结果中，解的一致性和覆盖度均高于临界值 0.8 和 0.5，证明组态路径分析结果有效。LEQ

非高发展质量解的一致性为 0.9444，表示在所有满足 LEQ 非高发展质量 5 条路径的省份案例中，有 94.44% 的省份案例均呈现 LEQ 非高发展质量；解的覆盖度为 0.5375，表示这 5 条路径可解释 53.75% 的省份案例出现 LEQ 非高发展质量的情况。在 LCQ 非高发展质量结果中，解的一致性为 0.9733，表示在所有满足 LCQ 非高发展质量 5 条路径的省份案例中，有 97.33% 的省份案例均呈现 LEQ 非高发展质量；解的覆盖度为 0.5973，表示这 5 条路径可解释 59.73% 的省份案例出现 LCQ 非高发展质量的情况。对比 LEQ 非高发展质量和 LCQ 非高发展质量组态化路径发现，NLEQ1 和 NLCQ1、NLEQ2 和 NLCQ2、NLEQ3 和 NLCQ4、NLEQ4 和 NLCQ5 路径完全一致，证明这些组态化路径具有较强稳健性。结合各路径特征将资源环境约束下中国物流业非高发展质量组态化路径归纳为以下两种类型。

（1）能源—开放缺失型。该类型对应 NLEQ1 和 NLCQ1、NLEQ3 和 NLCQ4、NLEQ4 和 NLCQ5 路径，其核心条件均为 ~ ES* ~ OL，表示电力能源占比低且对外开放水平低，其核心问题是电力能源和对外开放缺失导致的物流业非高发展质量，因此，该组态被命名为"能源—开放缺失型"，典型案例为云南、贵州、江西、湖南和重庆，其条件组态如图 7.4 所示。

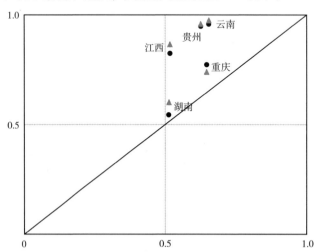

图 7.4　能源—开放缺失型物流业非高发展质量解释案例

注：NLEQ 和 NLCQ 分别用圆点和三角形表示。

由图 7.4 可见，云南和贵州分别以 0.66 和 0.63 的组态条件隶属度实现了平均 0.97 和 0.955 的非高发展质量隶属度结果，比江西等省份案例更为典型。这可能的原因是贵州和云南地处西北内陆，经济发展水平、第二产业占比和城镇化水平都比较低，使得物流业产业需求不足而出现物流业非高发展质量的结果。江西和湖南第二产业占比和环境规制水平不高带来的"污染避难所"效应使其物流业发展质量不高。重庆经济发展水平和城镇化水平都比较高，第二产业发达，但由于环境规制和技术创新水平都比较低，导致其成为非高发展质量的典型案例。这也从侧面说明了重庆应该在发展经济和第二产业的同时，强化"科创+产业"，加大力度推进成渝综合性科学中心建设，注重提高技术创新水平。

（2）全面缺失型。该类型对应 NLEQ2 和 NLCQ2，其核心条件为 ～EL*～ENR*～ES*～OL，表示经济发展水平和环境规制水平不高，电力能源占比低以及对外开放水平较低；其边缘条件为 ～IS*EI*～TIL，表示第二产业不强、能源强度较高、技术创新水平较低。该组态涵盖了几乎所有条件变量的逻辑非状态，因此被命名为"全面缺失型"，以黑龙江和青海为典型代表，其条件组态如图 7.5 所示。

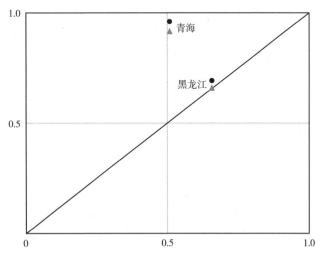

图 7.5　全面缺失型物流业非高发展质量解释案例

注：NLEQ 和 NLCQ 分别用圆点和三角形表示。

由图 7.5 可见，青海以 0.51 的组态条件隶属度实现了 0.94 的非高发展质量隶属度结果，相比黑龙江更为典型。这可能的原因是青海地处内陆，经济发展基础薄弱，物流产业需求不足。全面缺失型非高发展质量省份在多个方面均不够突出，需要在发展经济、技术创新和对外开放等多个方面下功夫。

7.3 物流业发展质量提升路径选择

7.3.1 经济—开放型提升路径

以上海和北京为典型代表的经济—开放型路径提供了资源环境约束下中国物流业发展质量提升的第一条路径。经济—开放型提升路径的突出特点是经济发展水平高，对外开放水平高，而第二产业占比不高。经济—开放型物流业发展质量提升的关键在于，构建开放型经济体系，全面实行高水平贸易和投资自由化便利化政策，实现陆海内外联动、国内国际双向开放。经济水平较高的地区或者对外开放水平较高，或者第二产业占比不高的地区可以走经济—开放型路径，在适当注重环境规制、城镇化和技术创新的基础上，即使清洁能源使用比例不高也能实现物流业较高质量的发展。该提升路径如图 7.6 所示。

在高质量典型案例中，上海和北京的经济发展水平和对外开放程度在全国首屈一指，支撑经济发展的是第三产业而非第二产业。上海作为全国首个贸易试验区，综合保税区和口岸物流为其全球第一大港的地位提供了有力支撑；上海市的第二产业纷纷转移至长江三角洲、长江中上游地区，生物医药、金融业、房地产业和信息咨询服务业比重达到 70% 以上。北京服务业扩大开放综合示范区和自由贸易试验区全面启动，国际消费中心城市日趋蜕变，首都开放型经济迈入新阶段；北京逐步疏解非首都功能，将第二产业转移至河北等地区，以医药健康产业和新一代信息技术产业为支柱的第三产业

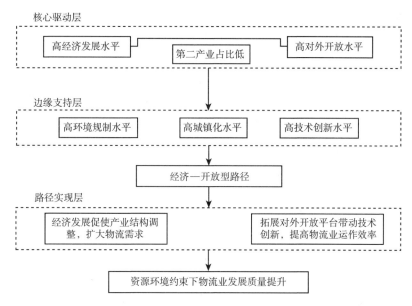

图 7.6　资源环境约束下中国物流业发展质量提升的经济—开放型路径

占比高达 80% 以上；在满足北京特大型消费城市的物流需求、区域性超级物流枢纽分拨需求时，与之匹配的物流创新技术、网络化规模化运作使得北京物流业发展质量相对较高。

在非高质量典型案例中，重庆的城镇化水平低，由于清洁能源和对外开放的缺失使其成为非高质量的典型。重庆经济发展水平较高，可将经济—开放型作为未来物流业高质量发展的方向。重庆市可通过中欧班列和西部陆海新通道建设，打造西南地区开放高地，以对外开放吸引周边地区高端要素集聚；注重环境规制和技术创新，持续加强与四川等地区产业合作，全面优化产业环境。

7.3.2　清洁—技术型提升路径

以天津、山东和河北为典型代表的清洁—技术型路径提供了资源环境约束下中国物流业发展质量提升的第二条路径。清洁—技术型提升路径的突出特点是清洁能源使用占比高和技术创新水平高，并辅以较高的环境规制水平。清洁—技术型物流业发展质量提升的关键在于，优化清洁电力发展的体制环境，激发企业技术创新内生动力，完善命令型与激励型环境规制体系。电力能源占比高或者技术创新水平较高的地区可以走清洁—技术型路径。在经济水平较高但第二产业占比不高的地区，可以兼顾城镇化水平和能源强度，参考天津和山东走清洁—技术型路径；在经济发展水平和城镇化水平不高，但第二产业占比较高的地区，可以参照河北走清洁—技术型路径。在清洁—技术型河北路径中，第二产业占比高的地区，即使经济发展水平和城镇化水平不高，但通过增加清洁能源占比，提升技术创新能力，并辅以较高的环境规制水平，也可以实现物流业发展质量的提升。该提升路径如图7.7所示。

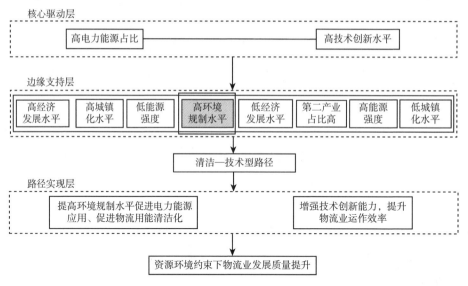

图7.7 资源环境约束下中国物流业发展质量提升的清洁—技术型路径

在高发展质量典型案例中，天津、山东和河北均处在"一圈三区五带"林业发展新局中的"京津冀生态协同圈"，对环保基础设施投资较大，更注重清洁能源和技术的应用，虽然经济水平、城镇化水平和能源强度条件完全相反，却也都实现了物流业高发展质量。天津通过打造能源互联网绿色经济新业态，实现了集中式清洁能源和分布式电源的友好并网，电能占终端能源消费比例达 45%，供电可靠性达到 99.99%；天津综合创新指数达到 80% 以上，连续多年位居继上海和北京之后的第三名，面向企业、高校和科研院所出台了大量科技政策，内容涵盖技术扶持、人才培养、评优推荐等诸多方面；凭借良好的生态环境和科技创新环境，围绕天津海港和空港形成了物流产业集聚区，天津成为全国唯一一个拥有三条通道的大陆桥东部起点，物流业发展质量较高。河北第二产业发达，通过在钢铁、水泥等 7 个重点行业内创建环境保护 A 级绩效企业，实施能源强度和总量"双控"；光伏等可再生能源电力装机占比超过煤电，提高到 60% 以上，电能占终端能源消费比例达 27% 以上；通过科技特派员制度补齐科技创新管理短板，精准化服务县域产业和"小巨人"企业，国家级科技企业孵化器数量位列全国第九位，区域综合科技创新指数达到 60% 以上；主动承接北京区域物流功能转移，通过建设全国商贸物流基地，发挥其科技创新和能源结构优势，使得其物流业发展质量较高。天津和河北的案例说明了清洁—技术型提升路径更强调发挥资源禀赋优势，实施积极的能源政策和技术创新政策，因地制宜走物流高质量发展之路。

在非高质量典型案例中，江西和湖南技术创新能力较强，但电力能源占比低，可以将清洁—技术型作为未来物流业高质量发展的方向。江西和湖南第二产业占比高，城镇化水平不高，由于清洁能源占比低且对外开放水平低使其成为非高质量发展的典型。江西作为能源资源匮乏的省份，缺煤少油乏气，水电资源开发有限，对外部能源依赖度较高，可通过集中式和分布式光伏发电提升清洁能源发电量，推动仓储设施利用太阳能等清洁能源；推广新能源配送车辆，以增加电力能源应用比例，提高环境规制水平。湖南作为电力电量供应紧平衡的省份，在以煤电兜底和外电入湘基础上，可提高可再生能源发电比例；打造信息平台，整合物流运输和配送资源，制定新能源物流车辆通行便利化措施；以高新技术创新引领装备制造业、先进制造业物流需求，拓展"技术＋数据底座"的智能物流供应链服务。江西和湖南可充分利用第二产业和技术创新优势，调整电力能源使用，提升环境规制水平，而不必通过对外开放和大力发展经济实现物流业高质量发展。

7.3.3 全面发展型提升路径

以浙江、江苏和福建为典型代表的全面发展型路径提供了资源环境约束下中国物流业发展质量提升的第三条路径。全面发展型提升路径的突出特点是强调第二产业发展和环境规制、城镇化水平和技术创新，并兼顾经济发展、能源强度和对外开放。全面发展型物流业发展质量提升的关键在于通过摆脱经济发展和对外开放依赖，突破能源结构限制，注重第二产业、环境规制、技术创新和城镇化的多元方式实现物流业高质量发展。对于第二产业占比高、环境规制高但能源结构调整困难的地区，可走全面发展型物流业发展质量提升路径。该提升路径详如图7.8所示。

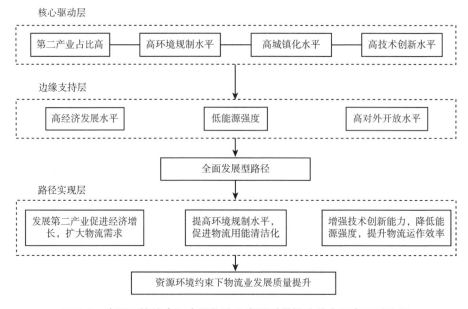

图7.8 资源环境约束下中国物流业发展质量提升的全面发展型路径

在高质量典型案例中，浙江省小商品制造业突出，拥有宁波舟山港口型和义乌商贸服务型国家物流枢纽，快递业务总量稳居全国第二位，在物流数字化智能化创新发展、物流标准化方面均走在全国前列。江苏是制造业大省,初步形成了多业融合的物流产业集群,具有亚洲第一、世界第三的中邮航综合口岸,在物流业高质量发展中具有综合优势。

在非高质量典型案例中,黑龙江和青海在经济发展等多方面条件不佳,由于其经济发展水平不高、环境规制水平较弱、清洁能源占比低和对外开放水平低而成为非高质量发展的典型。黑龙江和青海可通过大力发展第二产业带动经济发展,增强技术创新水平和环境规制水平,走全面发展型提升路径。黑龙江和青海都是资源型城市集聚的省份,属于典型的资源大省,生态环境系统相对脆弱,其发展具有明显的资源路径依赖,产业和经济发展可持续性差,面临着转型发展和环保约束的双重压力。全面缺失型省份要想从物流业非高质量实现高质量的跨越,更需要结合省份资源、交通和区位条件,积极寻求对外合作新空间,紧抓"一带一路"合作倡议、国家枢纽城市建设等历史机遇,全面系统地制定物流发展顶层规划,培育和激发物流市场增长动力。作为老工业基地的黑龙江,可借助"东北产业全面振兴"和装备制造业传统优势,坚持数字化赋能制造业,重点监督钢铁、水泥等重点行业环境保护情况,扩大物流业产业需求;推进大宗货物"公转铁""公转水",积极调整运输结构;对接俄罗斯远东港口和"滨海一号"通道,拓展物流业对外开放平台,走全面发展型提升路径。青海可围绕光伏制造、化工、藏毯绒纺等特色产业提高经济发展水平;以油气、水能、风能等优势产业与东部地区优势互补,发展飞地经济,扩大物流业产业需求;建设南亚陆路贸易通道,依托海东工业园区和曹家堡空港优势,完善公共信息平台功能,加大物流业技术创新,实现物流业高质量发展。

7.4 本章小结

本章以狭义和广义资源环境约束下物流业发展高质量和非高质量为结果变量,以经济发展水平等 8 个因素为条件变量,运用 fsQCA 方法对中国 30 省份物流业高质量和非高质量进行条件组态分析,主要研究内容和结论如下。

（1）当前资源环境约束下中国物流业发展高质量存在三条路径，即以经济发展水平和对外开放水平为主要核心条件的经济—开放型路径，典型案例为上海和北京；以能源结构、技术创新水平为核心条件，以环境规制为主要辅助条件的清洁—技术型路径，典型案例为天津、山东和河北；以产业结构、环境规制和城镇化水平为主要核心条件的全面发展型路径，典型案例为浙江、福建和江苏。

（2）物流业发展高质量和非高质量路径具有非对称性。当前中国资源环境约束下物流业发展非高质量存在两条路径，即以低电力能源占比和低对外开放水平为核心条件的能源—开放缺失型路径，典型案例为贵州、云南、江西、湖南和重庆；以低经济发展水平、低环境规制、低电力能源占比和低对外开放水平为核心条件的全面缺失型路径，典型案例为黑龙江和青海。

（3）以物流业发展高质量的三条组态化路径总结物流业发展质量提升路径，提示有经济—开放型、清洁—技术型、全面发展型三条路径显现；对照非高质量典型案例进行路径选择，分析认为，重庆可选择经济—开放型路径，江西和湖南可选择清洁—技术型路径，黑龙江和青海可选择全面发展型路径。

第 8 章

研究结论、启示和展望

8.1　研究结论

突破资源环境约束实现物流业高质量发展，是在以"生态优先、绿色发展"为导向的经济高质量背景下中国物流业发展的又一重大时代命题。本书首先对物流业运营过程中消耗的能源，产生的 CO_2 和 SO_2、NO_X、$PM_{2.5}$ 和 PM_{10} 颗粒物及其强度进行计算，分析了物流业发展面临的资源环境约束现状；其次，分别构建基于 Super-SBM-Undesirable 的物流业生态效率模型和基于压力—状态—价值—响应的 PSVR 模型，对 2005~2020 年狭义和广义视角资源环境约束下中国 30 个省份的物流业发展质量进行定量测度；再次，在邻接、地理、经济空间权重基础上创建信息空间权重矩阵，探索物流业发展质量的空间特征；从次，基于全局和局部空间计量模型，从空间溢出视角和时空异质性角度探究经济发展水平等 8 个因素对物流业发展质量提升的独立影响作用；最后，运用 fsQCA 方法探究物流业发展质量提升因素的组态路径，以期为资源环境约束下中国物流业发展质量提升政策的制定提供科学依据和理论参考。

8.1.1　物流业发展面临的资源环境约束形势日趋严峻

（1）物流业能源消耗、碳及污染物排放呈增长态势。2005~2020 年，物流业能源消耗量、碳、污染物排放量均呈现稳步增长态势，不同区域和省区之间存在较大的异质性。能源消耗量，CO_2 和 NOx 排放量大体呈现出"东高西低"的空间特征，SO_2 及 PM 颗粒物排放量呈现"中部东北部高，东部西部低"的空间特征。

（2）污染物减排形势较碳减排更为严峻。能源强度、碳强度及污染强度在研究期内均呈现上升趋势，且污染强度曲线较能源强度、碳强度曲线陡峭，表明物流业发展面临的节约能源、碳减排形势严峻，且污染物减排形势更为严峻。

（3）物流业经济增长以牺牲资源和环境为代价。无论从短期还是长期看，物流业经济增长、能源消耗、碳及污染物三变量两两之间均存在双向因果关系，表明当前中国物流业高速的经济增长是以牺牲资源和环境为代价的，中国物流业高质量发展应在资源环境约束下实现。

8.1.2 物流业发展质量总体呈上升趋势但区域差异显著

（1）物流业发展质量总体呈现上升趋势。狭义和广义视角物流业发展质量测算结果表明，中国物流业发展质量总体呈上升趋势；狭义视角物流业发展质量提升主要依赖纯技术效率，而广义视角物流业发展质量提升主要依赖发展压力。

（2）物流业发展质量呈现显著空间差异。狭义物流业发展质量呈现东部（0.8714）—中部（0.7373）—东北部（0.4531）—西部（0.4147）阶梯下降态势，西部依赖规模效率，其他区域依赖纯技术效率；广义物流业发展质量呈现东部（0.2104）—西部（0.1848）—中部（0.1754）—东北部（0.1637）阶梯下降态势，东北部依赖发展响应，其他区域依赖发展压力。

（3）从狭义视角看，得益于纯技术效率，上海物流业发展质量最高，其次为天津，其值分别为 1.2905 和 1.2567，云南物流业发展质量最低，其次为青海，其值分别为 0.2842 和 0.3379；从广义视角看，上海物流业发展质量最高，其次为天津，其值分别为 0.3150 和 0.2709，云南物流业发展质量最低，其次为广西，其值分别为 0.1174 和 0.1238。从狭义和广义视角总体看，上海物流业发展质量最高，其次为天津，云南物流业发展质量最低。

8.1.3 物流业发展质量呈"东北—西南"走向且空间正相关性越来越强

（1）区域内部差异是造成物流业发展质量空间差异的主要原因。无论是狭义视角还是广义视角，区域内部差异是造成中国物流业发展质量空间差异的主要原因，且物流业发展质量区域值越高，内部差异越大；东部、东北部、中部区域内部差异呈现缩小趋势，西部呈现扩大趋势。

（2）中国及四大区域物流业发展质量存在收敛趋势。无论是狭义视角还是广义视角，中国及四大区域物流业发展质量存在收敛趋势，物流业发展质量将趋于稳态；全国层面狭义物流业发展质量达到其稳态水平大约需 20 年，而广义物流业发展质量达到其稳态水平大约需要 45 年。

（3）物流业发展质量总体呈现稳定的"东北—西南"走向。无论是狭义视角还是广义视角，中国物流业发展质量均呈现稳定的"东北—西南"走向，且有进一步强化南北方向的趋势，空间重心持续向东部转移。

（4）物流业发展质量呈现越来越强的空间正相关性。无论是狭义视角还是广义视角，物流业发展质量均具有显著的正向全局空间相关性，且相关性越来越强；"高—高"集聚和"低—低"集聚是其主要局部空间集聚模式，高值集聚状态多分布在东南沿海地区，低值集聚状态多分布在西部内陆地区。

8.1.4 物流业发展质量提升存在空间溢出效应并显现出三条组态路径

（1）物流业发展质量提升存在空间溢出效应。中国物流业发展质量提升存在显著的正向空间溢出效应，相邻区域的物流业发展质量的提升会带动本区域的物流业发展质量提升，本区域物流业发展质量也会随着相邻区域物流业发展质量的提升而提升。信息空间联系加强了物流业发展质量的空间溢出效应，狭义物流业发展质量的空间溢出效应更强。本地区经济发展水平、能源结构、技术创新水平的提升可促进该地区邻近区域物流业发展质量的提升，而能源强度的降低可促进该地区邻近区域物流业发展质量的提升。

（2）各因素对物流业发展质量提升的影响作用存在时空非平稳性。能源结构对物流业发展质量提升的正向影响最为突出，其次为经济发展水平、技术创新水平、对外开放水平、城镇化水平和环境规制水平；能源强度对物流业发展质量提升的负向影响最为突出，其次为产业结构。其中，以电力能源表征的能源结构的强促进区域逐步由"北弱南强"的南北格局演变为"西北西南弱东南强"的东西格局；经济发展水平和环境规制的强促进区域逐步向东南沿海地区转移；技术创新水平对物流业发展质量强促进作用区域逐步向中部地区集中。

（3）物流业发展高质量存在三条组态化路径。当前资源环境约束下中国物流业发展高质量存在三条路径，即以经济发展水平和对外开放水平为主要核心条件的经济—开放型路径，典型案例为上海和北京；以能源结构、技术创新水平为核心条件，以环境规制为主要辅助条件的清洁—技术型路径，典型案例为天津、山东和河北；以产业结构、环境规制和城镇化水平为主要核心条件的全面发展型路径，典型案例为浙江、福建和江苏。

（4）物流业发展高质量和非高质量组态化路径具有非对称性。相比高质量发展路径，导致物流业发展非高质量的路径是不同的。当前存在两条物流业发展非高质量路径，即以低能源结构和低对外开放式水平的核心条件的能源—开放缺失型路径，典型案例为贵州、云南、江西、湖南和重庆；以低经济发展水平、低环境规制、低能源结构和低对外开放水平为核心条件的全面缺失型路径，典型案例为黑龙江和青海。

（5）物流业发展质量显现出三条组态化提升路径。以物流业发展高质量的三条组态化路径总结物流业发展质量提升路径，提示有经济—开放型、清洁—技术型、全面发展型三条路径显现；对照非高质量典型案例进行路径选择，分析认为，重庆可选择经济—开放型路径，江西和湖南可选择清洁—技术型路径，黑龙江和青海可选择全面发展型路径。

8.2　政策启示

8.2.1　建立物流业环境治理的联防联控机制

物流业运营及其排放的 CO_2、SO_2 等环境污染物具有空间流动性，狭义和广义视角资源环境约束下物流业发展质量均具有显著的空间关联特征，提示空间效应是制定物流业发展质量提升政策和措施不可忽视的重要前提。进一步分析表明，资源环境约束下中国物流业发展质量提升具有正向空间溢出效应，信息空间联系加强了物流业发展质量提升的空间溢出效应。综上分析，应充分考虑物流业环境治理的空间特征，建立物流业环境治理的联防联控机制，控制物流业环境污染物排放。

（1）防控对象从省份行政区域向城市群、跨省物流通道转变。以往在进行绿色物流防控管理时，货车限行限高等防控政策大多以行政区划为单位，没有充分考虑到物流业及其污染物排放的流动性特点。应综合考虑邻近省份的经济基础、能源结构、交通区位等因素，促进省域间物流合作，统筹制定跨省环境保护防控政策。可在 2017 年交通部设立城市绿色货运配送示范工程的基础上，以跨区域城市群为对象开展绿色物流示范工程建设；在京港澳等物流通道和枢纽的关键位置精准防控，加大环境污染物日常监测和监管力度，发挥政府政策势能的引领带动作用。比如可在南北向京港澳物流通道与东西向陆桥通道的交会点郑州设置物流货运车辆的环境监测系统。

（2）建立全国绿色物流车辆通行证制度。充分发挥区域统筹协调机制作用，以京津冀、成渝等重点区域为试点，逐步促进货运物流绿色保通保畅协同联动。建立健全车辆运输绿色通行证制度，实行网上即接即办，确保办理便捷，全国互认。在高速公路、国道省道启动污染物监测站三级调度、路警联动、区域协调，禁止因污染物监测影响物流货运畅通。对污染物排放达标的货运车辆实施"车—证—牌—号"标识管理和分级管理，根据绿色级别给予其对应通行时段、通行路段权限。

（3）构建物流环境治理信息共享平台。信息化是现代物流与传统物流的根本区别，信息空间联系加强了物流业发展质量的空间溢出效应，物流信息平台建设是物流信息化的具体体现，构建环境管理监管信息平台将有效提高环境监管效率。可在现有的物流产业集聚区、物流园区等物流综合信息平台中增加环境管理监管模块，对入驻企业的能耗动态、能耗种类、污染物排放等进行污染源在线监控、自动监管、监测预警等。待现有信息平台环境管理监管模块普及后，可进一步实时互联信息，嵌入"三方治理、政府监管、社会监督"机制，构建物流环境治理信息共享平台，增强物流环境治理的联合执法能力。

8.2.2　制定物流业发展质量提升的差异化策略

中国幅员辽阔，但由于不同省区经济发展、产业结构、交通区位差异显著，造就了中国东、中、西部的物流业发展质量的显著差异。无论是狭义视角还是广义视角，东部物流业发展质量是最高的，中部物流业发展质量始终高于东北部；在省区层面，上海物流业发展质量最高，其次为天津，而云南物流业发展质量最低；各提升因素对不同省份的独立影响和组态化路径影响也不同。因此，针对不同省份，应该制定不同的物流业发展质量提升策略。

（1）发挥东部地区物流业先发带动作用。通过收敛性分析可知，全国层面物流业发展质量将会趋于稳态，中西部及东北部目前存在赶超态势。在赶超过程中，可充分利用东部地区的物流业先发优势，发挥东部绿色经济带动绿色物流示范作用。可将东部在企业碳排放信息披露制度、循环经济生态供应链等经验通过典型案例形式进行总结推广；其他地区政府应借鉴东部经验，增强降污减碳资金支持，优化物流企业降污减碳行为的激励与约束机制，不能因经济增长需求就降低环境保护门槛，要将绿色指标纳入到物流发展评估中来。

（2）发挥中、西、东北部物流业发展的相对比较优势。各因素对物流业发展质量提升存在时间和空间变化，可充分利用这种变化，在不同区域抓住关键提升因素，发挥其相对比较优势。中部地区应加大绿色技术创新研发力度，向西部地区和东北部提供减排技术；西部地区应结合自身的产业资源优势，外引内培促进第二产业的发展，积极引入减排技术，加大污染治理投资。由于电力能源应用对物流业发展质量提升的效果在东南地区更为突出，可优先在湖南等地推广全电力物流设备。加快东北区域生产型物流枢纽建设，促进制造业、物流业协同联动和跨界融合，鼓励制造企业铁路专用线等物流资源社会化，建立制造业物流成本核算统计体系。

（3）构建物流业发展质量提升的区域协同机制。紧抓国内国际双循环、全国统一大市场、自由贸易试验区政策机遇，促进物流人才、资金、技术等关键要素在全国更大范围内实现协同，以"飞地经济"、联盟化模式促进资源要素共享，构建起全方位、多层次、宽领域的长效合作机制。按照分工协作，共同推进原则，以陆海新通道运营、中欧班列集结中心建设为契机，加强东西部陆海联动，促进沿线省区市在货运组织、设施设备等方面的资源优化协调配置；培育"优势互补、你中有我、我中有你"的区域物流深度融合发展标杆。

8.2.3　抓住物流业发展质量提升的关键动能

资源环境约束下物流业发展质量提升是单因素和多因素组态共同作用的结果，在其他因素不变的情况下，单个因素对物流业发展质量提升独立影响作用不同，多个因素组态也可以达到"殊途同归"的效果。因此，抓住资源环境约束下物流业发展质量提升的关键动能，可达到精准发力、事半功倍的效果。

（1）大力推广物流业新能源应用。实证结果表明，以电力能源占比表征的能源结构对资源环境约束下物流业发展质量提升的正向影响最为突出，且存在很强的空间溢出效应。因此，物流业电力能源应用将会加快物流业发展质量提升步伐。物流业是电力能源消耗大户，而电能可分为黑电（火力燃煤发电）和绿电（水电、光电、风电等再生能源发电）两大类，不是绝对清洁能源。可将绿电与黑电比例作为物流设施设备用电的必要参考，并通过电力能源价格体系管控物流用电规模。尝试建立物流业黑绿电消费监测平台，通过上网电价等方式补贴可再生能源发电，并适当增加天然气等其他清洁能源在物流业中的应用。

（2）持续强化物流业技术创新能力。技术创新水平对资源环境约束下物流业发展质量提升具有较强的正向影响，且空间溢出效应突出，是物流业发展质量提升的关键动能。在强化技术创新方面，可加大物联网、区块链、无人机等新技术在物流基础设施设备领域的推广应用；鼓励企业、高校、科研机构合作突破网络货运、多式联运、甩挂运输等运输组织优化过程中存在的技术性和制度性难点；加大物流分布式供电系统、节油自动离合器等节能和能源转换技术的研发投资，通过设立专项资金补贴、绿色积分等方式大力推广智慧化物流设施设备。

（3）变劣势为优势，因地制宜、精准发力实现物流业发展质量提升。基于 fsQCA 方法的物流业发展质量提升的组态路径结果表明，不同提升因素可通过组态路径实现"殊途同归"的效果，因此，各省份可对照三条物流业发展质量提升路径，变优势为劣势，因地制宜，在关键短板和关键优势上找准发力点，实现物流业发展质量提升。比如，云南由于电力能源占比不高和对外开放水平较低使其成为非高质量的典型，云南第二产业不发达，环境规制水平和技术创新水平相对较高，这和经济—开放型路径中的条件有共同之处。云南省以茶叶、鲜花和旅游业为特色的第三产业占比高达51%左右，后者成为经济增长的主要动力；在生态保护方面形成了"三屏两带"基本格局，是全国生态文明建设的排头兵；环境规制水平较高，区域科技创新能力排名在全国持续提升。云南可通过大力发展咨询、金融、旅游、制造服务业等第三产业进一步提升数字经济水平，利用毗邻南亚和东南亚区位交通优势，持续面向南亚、东南亚扩大对外开放，走经济—开放型物流业发展质量提升之路，而不必通过大力发展第二产业和改变能源结构实现物流业高质量发展。

8.3　研究展望

本书在对资源环境约束下物流业发展质量进行内涵界定和理论分析的基础上，基于"资源环境约束现状—发展质量测度分析—发展质量提升分析"的研究框架，对资源环境约束下物流业发展质量展开了相关研究，按照最初研究设想取得了一定成效。为了提升深度和精度，未来研究可在以下几个方面进一步深入探讨。

（1）采用多层次、多来源数据对物流业发展质量展开研究。由于中国物流业发展速度快，物流数据统计还未能跟上产业发展步伐。省级层面数据颗粒度较大，而城市、县域、个体企业的能源消耗等数据来源具有一定的局限性，后期若条件具备可进一步深入研究。

（2）丰富资源环境约束下物流业发展质量的理论内涵。物流业发展质量提升是基于物流业高质量发展提出的现实要求，在资源环境约束下物流业发展质量的理论内涵可能不局限于物流业生态效率及发展压力、状态、价值和响应。随着物流业资源环境约束趋紧，各区域和行业企业的绿色物流实践案例将会不断涌现，可参考各实践案例，进一步丰富物流业发展质量理论内涵。

（3）探究资源环境约束下物流业发展质量的微观作用机理。本书涉及的物流业发展质量的提升因素代理变量仅考虑到了宏观层面，缺乏从行业中观层面、企业微观层面提升因素的代理变量。后续可根据物流轨迹数据、工业采购指数、物流景气指数、物流复工指数等探讨物流业发展质量提升机理。

参考文献

［1］Rashidi K. , Cullinane K. Evaluating the sustainability of national logistics performance using Data Envelopment Analysis ［J］. Transport Policy, 2019 (74): 35 – 46.

［2］Wang D. , Dong Q. , Peng Z. , et al. The green logistics impact on international trade: Evidence from developed and developing countries ［J］. Sustainability, 2018, 10 (7): 2235.

［3］Mariano E. B. , Gobbo J. A. , Camioto F. D. C. , et al. CO_2 emissions and logistics performance: a composite index proposal ［J］. Journal of Cleaner Production, 2017 (163): 166 – 178.

［4］Ren G. , Zhao C. Regional disparity and changes in China's logistics industry carbon emissions from the perspective of carbon sources ［J］. 2021, 44 (3): 191 – 199.

［5］Quan C. , Cheng X. , Yu S. , et al. Analysis on the influencing factors of carbon emission in China's logistics industry based on LMDI method ［J］. Science of the Total Environment, 2020 (734): 138473.

［6］Aslam B. , Hu J. , Shahab S. , et al. The nexus of industrialization, GDP per capita and CO_2 emission in China ［J］. Environmental Technology & Innovation, 2021 (23): 101674.

［7］Wang C. , Zhao Y. , Wang Y. , et al. Transportation CO_2 emission decoupling: An assessment of the Eurasian logistics corridor [J]. Transportation Research Part D: Transport and Environment, 2020 (86): 102486.

[8] Wild P. Recommendations for a future global CO_2-calculation standard for transport and logistics [J]. Transportation Research Part D: Transport and Environment, 2021 (100): 103024.

[9] IEA. International energy agency CO_2 emissions from fuel combustion overview 2020 [M]. Pairs: International Energy Agency, 2020.

[10] Halldórsson Á, Kovács G. The sustainable agenda and energy efficiency [J]. International Journal of Physical Distribution & Logistics Management, 2010, 40 (1/2): 5-13.

[11] Zaman K., Shamsuddin S. Green logistics and national scale economic indicators: Evidence from a panel of selected European countries [J]. Journal of Cleaner Production, 2017 (143): 51-63.

[12] Liang Z., Chiu Y., Li X., et al. Study on the effect of environmental regulation on the green total factor productivity of logistics industry from the perspective of low carbon [J]. Sustainability, 2020, 12 (1): 175.

[13] IEA. World Energy Outlook 2009 [M]. Paris: OECD Publishing, 2009.

[14] BP. BP Statistical Review of World Energy 2021 [M]. London: Whitehouse Associates, 2021.

[15] Shi H., Chai J., Lu Q., et al. The impact of China's low-carbon transition on economy, society and energy in 2030 based on CO_2 emissions drivers [J]. Energy, 2022 (239): 122336.

[16] Rodriguez R. D., Guevara M., Linares M. P., et al. A coupled macroscopic traffic and pollutant emission modelling system for Barcelona [J]. Transportation Research Part D: Transport and Environment, 2021 (92): 102725.

[17] 孙涵，胡雪原，聂飞飞. 空气污染物的时空演化及社会经济驱动因素研究——以长江三角洲地区为例 [J]. 中国环境管理，2019，11（4）：

71 – 78.

[18] Liu X. , Guo P. , Guo S. Assessing the eco-efficiency of a circular economy system in China's coal mining areas：Emergy and data envelopment analysis [J]. Journal of Cleaner Production, 2019 (206)：1101 – 1109.

[19] Bai D. , Dong Q. , Khan S. A. R. , et al. Spatial analysis of logistics ecological efficiency and its influencing factors in China：based on super-SBM-undesirable and spatial Dubin models [J]. Environmental Science and Pollution Research, 2022, 29 (7)：10138 – 10156.

[20] 唐建荣，杜娇娇，唐雨辰. 环境规制下的区域物流效率可持续发展研究 [J]. 2018, 34 (5)：138 – 149.

[21] 余泳泽，胡山. 中国经济高质量发展的现实困境与基本路径：文献综述 [J]. 宏观质量研究, 2018, 6 (4)：1 – 17.

[22] 杨守德. 技术创新驱动中国物流业跨越式高质量发展研究 [J]. 中国流通经济, 2019, 33 (3)：62 – 70.

[23] Long R. , Ouyang H. , Guo H. Super-slack-based measuring data envelopment analysis on the spatial-temporal patterns of logistics ecological efficiency using global Malmquist Index model [J]. Environmental Technology & Innovation, 2020 (18)：100770.

[24] 董千里，董展，关高峰. 低碳物流运作的理论与策略研究 [J]. 科技进步与对策, 2010, 27 (22)：100 – 102.

[25] 张立国，李东，周德群. 中国物流业二氧化碳排放绩效的动态变化及区域差异——基于省级面板数据的实证分析 [J]. 系统工程, 2013, 31 (4)：95 – 102.

[26] 王丽萍，刘明浩. 基于投入产出法的中国物流业碳排放测算及影响因素研究 [J]. 资源科学, 2018, 40 (1)：195 – 206.

[27] Yang J. , Tang L. , Mi Z. , et al. Carbon emissions performance in logistics at the city level [J]. Journal of Cleaner Production, 2019 (231)：1258 – 1266.

［28］Xu G., Lv Y., Sun H., et al. Mobility and evaluation of intercity freight CO_2 emissions in an urban agglomeration ［J］. Transportation Research Part D: Transport and Environment, 2021（91）: 102674.

［29］郑琰，贲宇姝，王康得，等. 物流企业的碳排放效率评价及驱动因素分析［J］. 交通运输系统工程与信息, 2023（2）: 1 - 15.

［30］马越越. 低碳视角下中国区域物流产业全要素生产率的空间溢出效应研究［J］. 宏观经济研究, 2016（12）: 90 - 101.

［31］Tan L., Wu Q., Li Q., et al. A panel analysis of the sustainability of logistics industry in China: based on non-radial slacks-based method ［J］. Environmental Science and Pollution Research, 2019, 26（21）: 21948 - 21963.

［32］戴宇践，罗雨森. 中国物流业绿色全要素生产率增长的收敛性分析［J］. 生态经济, 2023, 39（2）: 68 - 77.

［33］Hai C., Ke D., Fang W., et al. The spatial effect of tourism economic development on regional ecological efficiency ［J］. Environmental Science and Pollution Research, 2020, 27（30）: 38241 - 38258.

［34］Egilmez G., Park Y. S. Transportation related carbon, energy and water footprint analysis of U. S. manufacturing: An eco-efficiency assessment ［J］. Transportation Research Part D: Transport and Environment, 2014（32）: 143 - 159.

［35］Van C. J, Block C., Van H., et al. Eco-efficiency trends of the Flemish industry: decoupling of environmental impact from economic growth ［J］. Journal of Cleaner Production, 2010, 18（14）: 1349 - 1357.

［36］Van C. J, Block C., Cramm P., et al. Improving eco-efficiency in the steel industry: The Arcelor Mittal Gent case ［J］. Journal of Cleaner Production, 2010, 18（8）: 807 - 814.

［37］董千里，白东灵，王东方. 黄河流域物流业生态效率及降污潜力研究［J］. 生态经济, 2021, 37（5）: 34 - 42.

［38］何黎明. 中国物流业：高质量发展是关键［J］. 中国远洋海运,

2018（2）：46 – 48.

［39］董千里，闫柏睿．物流业高质量发展机制的集成场认识［J］．中国流通经济，2020，34（5）：8 – 21.

［40］闫柏睿，李倩．基于物流绩效指数的 RCEP 国家物流发展比较［J］．中国流通经济，2021，35（3）：21 – 30.

［41］Mu D.，Hanif S.，Alam K. M.，et al. A correlative study of modern logistics industry in developing economy and carbon emission using ARDL：A case of Pakistan［J］．Mathematics，2022，10（4）：629.

［42］Choi Y. The efficiency of major ports under logistics risk in northeast Asia［J］．2011，28（1）：111 – 123.

［43］Park H. G.，Lee Y. J. The efficiency and productivity analysis of large logistics providers services in Korea［J］．The Asian Journal of Shipping and Logistics，2015，31（4）：469 – 476.

［44］刘秉镰，余泳泽．我国物流业地区间效率差异及其影响因素实证研究——基于数据包络分析模型及托宾模型的分析［J］．中国流通经济，2010，24（9）：18 – 21.

［45］Khan S. A. R.，Dong Q. Does national scale economic and environmental indicators spur logistics performance? Evidence from UK［J］．Environmental Science and Pollution Research，2017，24（34）：26692 – 26705.

［46］Khan S. A. R. The nexus between carbon emissions，poverty，economic growth，and logistics operations-empirical evidence from southeast Asian countries［J］．Environmental Science and Pollution Research，2019，26（13）：13210 – 13220.

［47］Karaduman H. A.，Karaman-Akgül A.，Çağlar M.，et al. The relationship between logistics performance and carbon emissions：an empirical investigation on Balkan countries［J］．International Journal of Climate Change Strategies and Management，2020，12（4）：449 – 461.

［48］刘战豫，孙夏令．中国物流业绿色全要素生产率的时空演化及动

因分析 [J]. 软科学, 2018, 32 (4): 77 - 81.

[49] Liu Y., Liu M., Wang G., et al. Effect of environmental regulation on high-quality economic development in China-An empirical analysis based on dynamic spatial Durbin model [J]. Environmental Science and Pollution Research, 2021, 28 (39): 54661 - 54678.

[50] 孙正, 陈旭东, 雷鸣. "营改增"是否提升了全要素生产率?——兼论中国经济高质量增长的制度红利 [J]. 南开经济研究, 2020 (1): 113 - 129.

[51] Yan B., Dong Q., Li Q., et al. A study on the coupling and coordination between logistics industry and economy in the background of high-quality development [J]. Sustainability, 2021, 13 (18): 10360.

[52] 曹允春, 李彤, 林浩楠. 我国区域物流业高质量发展实现路径——基于中国 31 个省市区的实证分析 [J]. 商业研究, 2020 (12): 66 - 74.

[53] 李娟, 王琴梅. 我国西部地区物流业发展质量及其影响因素研究——基于物流业效率视角 [J]. 北京工业大学学报 (社会科学版), 2020, 20 (2): 82 - 93.

[54] 任国平, 郑慧开, 汤放华, 等. 基于转化效率的资源型省份红色旅游经济高质量发展 [J]. 自然资源学报, 2023, 38 (3): 576 - 600.

[55] 史丹, 李鹏. 中国工业 70 年发展质量演进及其现状评价 [J]. 中国工业经济, 2019 (9): 5 - 23.

[56] 贾冀南, 郭晓磊, 王金良. 中国农业绿色高质量发展评价研究 [J]. 农业经济, 2022 (8): 6 - 8.

[57] 塞令香, 曹珊珊, 尹晓彤. 技术创新对我国物流业发展质量的影响 [J]. 公路交通科技, 2021, 38 (5): 138 - 143.

[58] 林双娇, 王健. 中国物流业高质量发展水平测度及其收敛性研究 [J]. 统计与决策, 2021, 37 (8): 9 - 14.

[59] 赖靓荣, 朱芳阳, 朱志东. 中国物流业高质量发展的测度评价: 区域差异与动态演进 [J]. 资源开发与市场, 2022 (11): 1 - 14.

［60］王东，陈胜利．中国物流业高质量发展的空间差异及分布动态演进［J］．统计与决策，2022，38（9）：57 – 62.

［61］王鹏，张茹琪，李彦．长三角区域物流高质量发展的测度与评价——兼论疫后时期的物流新体系建设［J］．工业技术经济，2021，40（3）：21 – 29.

［62］梁育民，田思苗．物流高质量发展对区域经济的影响——基于广东省地级以上城市的实证分析［J］．商业经济研究，2023（4）：89 – 93.

［63］卢美丽．中国物流业效率提升是否有路径显现？——基于省级数据的定性比较分析［J］．商业经济与管理，2020（7）：27 – 37.

［64］叶圣，查笑梅，唐志强．安徽省制造业高质量发展水平测度与提升路径［J］．现代管理科学，2021（6）：19 – 27.

［65］杨守德，张天义．营商环境对流通业发展质量提升的影响机制与异质效应——基于 DEA-Malmqusit 模型与面板数据模型的联合分析［J］．商业经济研究，2022（20）：10 – 13.

［66］彭树涛，李鹏飞．中国制造业发展质量评价及提升路径［J］．中国特色社会主义研究，2018（5）：34 – 40.

［67］任保平，李禹墨．经济高质量发展中生产力质量的决定因素及其提高路径［J］．经济纵横，2018（7）：27 – 34.

［68］Gu W. , Wang J. , Hua X. , et al. Entrepreneurship and high-quality economic development: based on the triple bottom line of sustainable development［J］. International Entrepreneurship and Management Journal, 2021, 17（1）：1 – 27.

［69］Jiang Y. , Guo C. , Wu Y. . Can environmental information disclosure promote the high-quality development of enterprises? The mediating effect of intellectual capital［J］. Environmental Science and Pollution Research International, 2021, 28（24）：30743 – 30757.

［70］Liu P. , Zhu B. , Yang M. Has marine technology innovation promoted the high-quality development of the marine economy? —Evidence from coastal regions in China[J]. Ocean & Coastal Management, 2021 (209): 105695.

[71] 李新安. 区域创新能力对经济发展质量提升的驱动作用研究 [J]. 区域经济评论, 2020 (2): 65 – 74.

[72] 詹新宇, 曾傅雯. 行政区划调整提升经济发展质量了吗? ——来自 "撤县设区" 的经验证据 [J]. 财贸研究, 2021, 32 (4): 70 – 82.

[73] 李书昊, 魏敏. 中国旅游业高质量发展: 核心要求、实现路径与保障机制 [J]. 云南民族大学学报 (哲学社会科学版), 2023, 40 (1): 152 – 160.

[74] Zhou Y., Kong Y., Zhang T. The spatial and temporal evolution of provincial eco-efficiency in China based on SBM modified three-stage data envelopment analysis [J]. Environmental Science and Pollution Research, 2020, 27 (8): 8557 – 8569.

[75] Chen C., Sun Y., Lan Q., et al. Impacts of industrial agglomeration on pollution and ecological efficiency-A spatial econometric analysis based on a big panel dataset of China's 259 cities [J]. Journal of Cleaner Production, 2020 (258): 120721.

[76] Ma X., Wang C., Yu Y., et al. Ecological efficiency in China and its influencing factors—a super-efficient SBM metafrontier-Malmquist-Tobit model study [J]. Environmental Science and Pollution Research, 2018, 25 (21): 20880 – 20898.

[77] Wang D., Wan K., Yang J. Ecological efficiency of coal cities in China: evaluation and influence factors [J]. Natural Hazards, 2019, 95 (1 – 2): 363 – 379.

[78] Fujii H., Managi S. Determinants of eco-efficiency in the Chinese industrial sector [J]. Journal of Environmental Sciences, 2013 (25): S20 – S26.

[79] 梅国平, 龚雅玲, 万建香, 等. 基于三阶段 DEA 模型的华东地区物流产业效率测度研究 [J]. 管理评论, 2019, 31 (10): 234 – 241.

[80] 曾贤刚, 牛木川. 高质量发展下长江经济带生态效率及影响因素

［J］．中国环境科学，2020，40（2）：906－918.

［81］李正昕，徐维祥，刘程军．长三角县域三次产业协调发展的空间特征及动力机制［J］．经济地理，2021，41（3）：136－143.

［82］F. Robeson J. The Logistics Handbook［M］．New york：Free Press，1994.

［83］W. P I. Progress in Materials Handling and Logistics［M］．Heidelberg：Springer Berlin，1989.

［84］丁俊发．正确认识物流、物流产业、物流管理等基本概念［C］．中国物流与采购联合会会员通讯总第33期－52期，2003.

［85］范建平，肖慧，樊晓宏．考虑非期望产出的改进EBM-DEA三阶段模型——基于中国省际物流业效率的实证分析［J］．中国管理科学，2017，25（8）：166－174.

［86］王文举，何明珂．改革开放以来中国物流业发展轨迹、阶段特征及未来展望［J］．改革，2017（11）：23－34.

［87］董千里．改革开放40年我国物流业高级化发展理论与实践［J］．中国流通经济，2018，32（8）：3－14.

［88］董千里．中国物流业高级化进程的高质量发展框架研究［J］．物流研究，2021（2）：24－37.

［89］张占斌，毕照卿．经济高质量发展［J］．经济研究，2022，57（4）：21－32.

［90］中央党校省部级干部进修班课题组，吴清海．关于经济发展质量若干问题的思考［J］．中国领导科学，2017（8）：7－10.

［91］茹少峰，魏博阳，刘家旗．以效率变革为核心的我国经济高质量发展的实现路径［J］．陕西师范大学学报（哲学社会科学版），2018，47（3）：114－125.

［92］杨万平，李冬．中国八大区域经济发展质量的空间差异及其形成机制［J］．当代经济科学，2022，44（2）：51－65.

［93］姜超峰．物流业要高质量发展［J］．中国储运，2017（12）：34.

［94］何黎明. 推进物流业高质量发展面临的若干问题［J］. 中国流通经济，2018，32（10）：3 - 7.

［95］汪鸣，陆华. 论我国物流产业高质量发展的趋势与路径［J］. 中国物流与采购，2018（20）：54 - 57.

［96］高小惠，倪超军. 基于灰色聚类分析的物流发展质量评价研究［J］. 铁道运输与经济，2018，40（4）：23 - 29.

［97］卫宇杰，于博文，潘浩，等. 基于组合赋权法的中国物流业质量发展指数研究［J］. 工业工程与管理，2019，24（2）：190 - 197.

［98］陈方健. 也谈推进我国物流业高质量发展［J］. 物流技术，2019，38（7）：1 - 4.

［99］葛金田，杨傲翔. 中国物流业发展质量的省域差异［J］. 区域经济评论，2019（3）：66 - 72.

［100］朱煜. 基于政策工具的物流业高质量发展研究［J］. 经济研究参考，2019（13）：117 - 127.

［101］高志军，张萌，刘伟. 新时代中国物流业高质量发展的科学内涵与基本思路［J］. 大连海事大学学报（社会科学版），2020，19（4）：68 - 78.

［102］黄永福. 我国物流业高质量发展问题研究——基于粤港澳大湾区物流业发展的分析［J］. 价格理论与实践，2020（4）：168 - 171.

［103］欧阳芳. 5G驱动物流业高质量发展的路径选择［J］. 企业经济，2020，39（6）：15 - 21.

［104］孟勐珺，王应明，叶菲菲. 我国物流业高质量发展水平测度与空间分布特征研究［J］. 工业技术经济，2022，41（4）：103 - 110.

［105］黄寰，唐晓，袁广. 区域创新效率对经济发展质量的影响研究［J］. 资源开发与市场，2023（4）：1 - 17.

［106］Schaltegger S. , Sturm A. Ökologische rationalität: Ansatzpunkte zur ausgestaltung von ökologieorientierten managementinstrumenten［J］. Die Unternehmung，1990，44（4）：273 - 290.

［107］Wei G. , XU S. . Study of spatial patterns and spatial effects of energy eco-efficiency in China ［J］. 2016, 223 (16): 863 – 867.

［108］Caiado R. G. , Freitas D. R. , Mattos L. V. , et al. Towards sustainable development through the perspective of eco-efficiency-A systematic literature review ［J］. Journal of Cleaner Production, 2017 (165): 890 – 904.

［109］Zhou C. , Shi C. , Wang S. , et al. Estimation of eco-efficiency and its influencing factors in Guangdong province based on Super-SBM and panel regression models ［J］. Ecological Indicators, 2018 (86): 67 – 80.

［110］Chen Y. , Rui Z. , Jia. M. Unearthing marine ecological efficiency and technology gap of China's coastal regions: A global meta-frontier super SBM approach ［J］. Ecological Indicators, 2023 (147).

［111］Cui S. , Wang Z. The impact and transmission mechanisms of financial agglomeration on eco-efficiency: Evidence from the organization for economic co-operation and development economies ［J］. Journal of Cleaner Production, 2023 (392).

［112］周叶, 张孟晓, 杨洁. 基于 SE-DEA 的省域物流行业生态效率研究 ［J］. 北京交通大学学报（社会科学版）, 2015, 14 (4): 99 – 106.

［113］郭金勇. 物流业生态效率驱动机制及空间效应分解——基于长江经济带及省际间比较研究 ［J］. 商业经济研究, 2022 (5): 108 – 112.

［114］张伟. 资源环境约束与资源型经济发展 ［J］. 当代财经, 2008 (10): 23 – 29.

［115］潘丹, 应瑞瑶. 资源环境约束下的中国农业全要素生产率增长研究 ［J］. 资源科学, 2013, 35 (7): 1329 – 1338.

［116］牛文元. 中国可持续发展的理论与实践 ［J］. 中国科学院院刊, 2012, 27 (3): 280 – 289.

［117］张沈青. 论可持续发展与绿色物流战略 ［J］. 当代经济研究, 2005 (9): 67 – 69.

［118］董千里. 高级物流学 ［M］. 北京: 人民交通出版社, 2006.

[119] 董千里，董展．物流高级化的低碳物流运作理论与策略研究 [J]．中国软科学，2010（S2）：326 – 332.

[120] 董千里，鄢飞．物流集成理论及实现机制 [M]．北京：社会科学文献出版社，2011.

[121] 董千里著．物流集成场：国际陆港理论与实践 [M]．北京：社会科学文献出版社，2012.

[122] 董千里．集成场视角：两业联动集成创新机制及网链绿色延伸 [J]．中国流通经济，2018，32（1）：27 – 37.

[123] 董千里．网链绿色延伸："一带一路"重卡产能合作的价值链提升 [J]．中国流通经济，2018，32（6）：3 – 14.

[124] 管文闯，饶碧玉，路远，等．基于 DPSIRM 模型的高原城市水源地水资源脆弱性评价及障碍诊断 [J]．中国农村水利水电，2022（3）：147 – 154.

[125] Bai D.，Dong Q.，Khan S. A. R.，et al. Spatio-temporal heterogeneity of logistics CO_2 emissions and their influencing factors in China：An analysis based on spatial error model and geographically and temporally weighted regression model [J]．Environmental Technology & Innovation，2022（28）：102791.

[126] 齐园，张永安．北京三次产业演变与 PM2.5 排放的动态关系研究 [J]．中国人口·资源与环境，2015，25（7）：15 – 23.

[127] 梁雯，许丽雲，司俊芳．农业与物流业耦合协调发展研究——基于中国省际面板数据的实证分析 [J]．经济与管理评论，2018，34（5）：150 – 161.

[128] 王文，刘伟．生产性物流服务对制造企业市场竞争力因素的影响 [J]．上海海事大学学报，2010，31（1）：16 – 20.

[129] 孙浩杰，李毅斌，郭联．物流业与三次产业联动发展机制与实证研究 [J]．长安大学学报（社会科学版），2014，16（2）：28 – 32.

[130] 赵希和，周叶，刘晨晨，等．我国省域物流行业 SO_2 排放量的测评与减排对策分析 [J]．物流技术，2014，33（19）：148 – 151.

［131］王阳，赵海珠．就业结构与产业结构失衡问题研究［J］．中国人口科学，2022（2）：74－85．

［132］Zhang S. , Wang J. , Zheng W. Decomposition analysis of energy-related CO_2 emissions and decoupling status in China's logistics industry［J］. Sustainability, 2018, 10（5）: 1340.

［133］艾麦提江·阿布都哈力克，白洋，卓乘风，等．物流产业专业化对产业结构的空间溢出效应—基于技术进步的调节作用［J］．工业技术经济，2018，37（3）：70－78．

［134］鄢曹政，殷旅江，何波．物流业集聚、空间溢出效应与农业绿色全要素生产率——基于省域数据的实证分析［J］．中国流通经济，2022，36（9）：3－16．

［135］董千里，姚华，王东方．流通节点城市对物流生产效率的影响——来自中国285个城市数据的证据［J］．财贸研究，2020，31（8）：28－37．

［136］肖建辉．物流高质量发展研究述评与展望［J］．中国流通经济，2020，34（8）：14－26．

［137］柳键，涂建．中国产业结构调整对低碳物流效率的影响研究——基于超效率DEA低碳物流效率评价模型的实证分析［J］．价格理论与实践，2017（12）：130－133．

［138］柳璐，李胜胜，周云蕾．产业结构优化对物流业发展的作用机理与实证研究［J］．江西师范大学学报（自然科学版），2019，43（1）：44－51．

［139］林伯强，李江龙．环境治理约束下的中国能源结构转变——基于煤炭和二氧化碳峰值的分析［J］．中国社会科学，2015（9）：84－107．

［140］陈帆，王富忠，李崇岩．能源价格、能源替代与低碳物流发展研究——以浙江省为例［J］．价格理论与实践，2019（2）：145－148．

［141］王韶华，张伟．中国能源强度的空间特征及供给侧影响因素分析［J］．技术经济与管理研究，2022（3）：3－8．

［142］Halldórsson Á. , Kovács G. The sustainable agenda and energy effi-ciency［J］. International Journal of Physical Distribution & Logistics Manage-ment, 2010, 40 (1/2)：5 – 13.

［143］Wang S. , Fang C. , Wang Y. Spatiotemporal variations of energy-re-lated CO_2 emissions in China and its influencing factors：An empirical analysis based on provincial panel data［J］. Renewable and Sustainable Energy Reviews, 2016 (55)：505 – 515.

［144］朱震峰. 对外直接投资对我国物流业全要素生产率的溢出效应［J］. 商业经济研究, 2022 (9)：100 – 103.

［145］王东方, 董千里, 于立新. "一带一路"沿线国家和地区物流绩效与中国对外贸易潜力［J］. 中国流通经济, 2018, 32 (2)：17 – 27.

［146］Porter M. E. , Van L. C. Green and competitive：ending the statement［J］. Harvard Business Review, 1995, 5 (93)：120 – 134.

［147］臧新, 潘国秀. FDI 对中国物流业碳排放影响的实证研究［J］. 中国人口·资源与环境, 2016, 26 (1)：39 – 46.

［148］沈小波, 陈语, 林伯强. 技术进步和产业结构扭曲对中国能源强度的影响［J］. 经济研究, 2021, 56 (2)：157 – 173.

［149］王富忠. 治霾背景下物流业碳排放研究［J］. 浙江科技学院学报, 2019, 31 (2)：81 – 87.

［150］张立国. 物流业能源消耗与碳排放研究进展［J］. 技术经济与管理研究, 2016 (1)：119 – 123.

［151］中国生态环境部. 2006 – 2016 年度减排项目中国区域电网基准线排放因子［EB/OL］. ［2022 – 10 – 21］http：//www. mee. gov. cn/ywgz/ydqh-bh/wsqtkz/201812/t20181220_685481. shtml.

［152］中国生态环境部. 2017 年度减排项目中国区域电网基准线排放因子［EB/OL］. ［2022 – 10 – 21］https：//www. mee. gov. cn/ywgz/ydqhbh/wsqt-kz/201812/P020181220579925103092. pdf.

［153］中国生态环境部. 2018 年度减排项目中国区域电网基准线排放因

子［EB/OL］．［2022 – 10 – 21］http：//www. mee. gov. cn/ywgz/ydqhbh/wsqt-kz/202012/t20201229_815384. shtml.

［154］中国生态环境部．2019 年度减排项目中国区域电网基准线排放因子［EB/OL］．［2022 – 10 – 21］https：//www. mee. gov. cn/ywgz/ydqhbh/wsqt-kz/202012/t20201229_815386. shtml.

［155］王富忠．物流业碳强度的影响因素研究——基于能源价格和货物周转量的分析［J］．价格理论与实践，2018（11）：131 – 134.

［156］Li L. , Lei Y. , Wu S. , et al. Evaluation of future energy consumption on $PM_{2.5}$ emissions and public health economic loss in Beijing［J］．Journal of Cleaner Production，2018（187）：1115 – 1128.

［157］齐园，张永安．产业结构演变与工业二氧化硫排放的关系——以京津冀为例［J］．城市问题，2015（6）：54 – 62.

［158］Peng Z. , Wu Q. , Li M. Spatial characteristics and influencing factors of carbon emissions from energy consumptionin China's transport sector：An empirical analysis based on provincial panel data［J］．Polish Journal of Environmental Studies，2020，29（1）：217 – 232.

［159］Peng Z. , Wu Q. Evaluation of the relationship between energy consumption，economic growth，and CO_2 emissions in China' transport sector：the FMOLS and VECM approaches［J］．Environment，Development and Sustainability，2020，22（7）：6537 – 6561.

［160］Tone K. Dealing with undesirable outputs in DEA：A slacks-based measure（SBM）approach［J］．Toronto，2004：195 – 209.

［161］Andersen P. , Petersen N. C. A Procedure for Ranking Efficient Units in Data Envelopment Analysis［J］．Management Science，1993，39（10）：1261 – 1264.

［162］董旭，吴传清．国内主要中心城市潜在经济增长率的测算［J］．统计与决策，2019，35（12）：118 – 122.

［163］Hall R. E. , Jones C. I. Why do some countries produce so much more output per worker than others? [J]. The Quarterly Journal of Economics, 1999, 114 (1): 83 – 116.

[164] 李婧, 谭清美, 白俊红. 中国区域创新生产的空间计量分析——基于静态与动态空间面板模型的实证研究 [J]. 管理世界, 2010 (7): 43 – 55.

[165] 余泳泽, 刘大勇. 我国区域创新效率的空间外溢效应与价值链外溢效应——创新价值链视角下的多维空间面板模型研究 [J]. 管理世界, 2013 (7): 6 – 20.

[166] 董千里. 区域物流信息平台与资源整合 [J]. 交通运输工程学报, 2002 (4): 58 – 62.

[167] 袁华锡, 刘耀彬. 金融集聚与绿色发展——基于水平与效率的双维视角 [J]. 科研管理, 2019, 40 (12): 126 – 143.

[168] 陈凯, 刘筱慧, 王雪, 等. 商业银行不良贷款地区差异的泰尔指数分解及影响因素分析 [J]. 工业技术经济, 2021, 40 (10): 116 – 127.

[169] 李廉水, 崔维军. 科技人员收入差距研究——基于基尼系数与泰尔指数的分析 [J]. 科学学研究, 2009, 27 (9): 1360 – 1364.

[170] Miller S., Upadhyay M.. Total factor productivity and the convergence hypothesis [J]. Journal of Macroeconomics, 2002, 2 (24): 267 – 286.

[171] Xu H., Wang Y., Liu H., et al. Environmental efficiency measurement and convergence analysis of interprovincial road transport in China [J]. Sustainability, 2020, 12 (11).

[172] Lefever D. W. Measuring geographic concentration by means of the standard deviational ellipse [J]. American Journal of Sociology, 1926, 1 (32): 88 – 94.

[173] Wang B., Shi W., Miao Z.. Confidence analysis of standard deviational ellipse and its extension into higher dimensional euclidean space [J]. Plos One, 2015, 10 (3): e118537.

[174] Wachowicz M., Liu T. Finding spatial outliers in collective mobility

patterns coupled with social ties [J]. International Journal of Geographical Information Science, 2016, 30 (9): 1806 – 1831.

[175] 王东方, 关高峰, 董千里. 中国物流产业技术效率空间差异及成因分析 [J]. 统计与决策, 2018, 34 (8): 131 – 136.

[176] 郭亚军. 一种新的动态综合评价方法 [J]. 管理科学学报, 2002 (2): 49 – 54.

[177] Wang S, Fang C, Ma H, et al. Spatial differences and multi-mechanism of carbon footprint based on GWR model in provincial China [J]. Journal of Geographical Sciences, 2014, 24 (4): 612 – 630.

[178] Yoo J. , Ready R. The impact of agricultural conservation easement on nearby house prices: Incorporating spatial autocorrelation and spatial heterogeneity [J]. Journal of Forest Economics, 2016 (25): 78 – 93.

[179] Elhorst J. P. Applied spatial econometrics: raising the bar [J]. Spatial Economic Analysis, 2010, 5 (1): 9 – 28.

[180] Tian W. , Song J. , Li Z. Spatial regression analysis of domestic energy in urban areas [J]. Energy, 2014 (76): 629 – 640.

[181] Yang X. , Wang S. , Zhang W. , et al. The impact of anthropogenic emissions and meteorological conditions on the spatial variation of ambient SO_2 concentrations: A panel study of 113 Chinese cities [J]. 2017: 584 – 585.

[182] Lu W. , Han S. , Xue H. , et al. Measurement of China's provincial consumption-based $PM_{2.5}$ emissions and its influencing factors in the perspective of spatial heterogeneity [J]. 2021, 317.

[183] Huang B. , Wu B. , Barry M. Geographically and temporally weighted regression for modeling spatio-temporal variation in house prices [J]. International Journal of Geographical Information Science, 2010, 24 (3): 383 – 401.

[184] 余泳泽, 武鹏. 我国物流产业效率及其影响因素的实证研究——基于中国省际数据的随机前沿生产函数分析 [J]. 产业经济研究, 2010 (1): 65 – 71.

［185］刘勇．物流业全要素能源效率评价及其影响因素分析［J］．统计与决策，2014（1）：66 - 68．

［186］张立国．中国物流业能源消耗与二氧化碳排放效率测度及分析［D］．南京：南京航空航天大学，2015．

［187］田刚，孙立成，程发新，等．中国物流业节能减排效率及其影响因素研究［J］．工业工程与管理，2015，20（5）：14 - 20．

［188］刘承良，管明明．低碳约束下中国物流业效率的空间演化及影响因素［J］．地理科学，2017，37（12）：1805 - 1814．

［189］袁华锡，刘耀彬，封亦代．金融集聚如何影响绿色发展效率？——基于时空双固定的 SPDM 与 PTR 模型的实证分析［J］．中国管理科学，2019，27（11）：61 - 75．

［190］李娟，王琴梅．中国四大板块物流业发展质量测度及平衡性研究——基于物流业效率视角［J］．统计与信息论坛，2019，34（7）：76 - 84．

［191］张瑞，胡彦勇，郂晓彤．中国物流业能源生态效率与其影响因素的动态响应研究［J］．经济问题，2021（8）：9 - 17．

［192］何景师，王术峰，徐兰．碳排放约束下我国三大湾区城市群绿色物流效率及影响因素研究［J］．铁道运输与经济，2021，43（8）：30 - 36．

［193］York R．，Rosa E. A．，Dietz T. Bridging environmental science with environmental policy：plasticity of population，affluence，and technology［J］．2002，83（1）：18．

［194］York R．，Rosa E. A．，Dietz T. STIRPAT，IPAT and ImPACT：analytic tools for unpacking the driving forces of environmental impacts［J］．Ecological Economics，2003，46（3）：351 - 365．

［195］Li J．，Xu H．，Liu W．，et al. Influence of collaborative agglomeration between logistics industry and manufacturing on green total factor productivity based on panel data of China's 284 Cities［J］．IEEE Access，2021（9）：109196 - 109213．

［196］Rios V. What drives unemployment disparities in European regions? A dynamic spatial panel approach ［J］. Regional Studies, 2017, 51 (11): 1599 – 1611.

［197］Chen W. Y. , Hu F. Z. Y. , Li X. , et al. Strategic interaction in municipal governments' provision of public green spaces: A dynamic spatial panel data analysis in transitional China ［J］. Cities, 2017 (71): 1 – 10.

［198］杨宏伟, 郑洁, 程中海. "一带一路" 沿线物流业影响因素的空间计量分析 ［J］. 工业技术经济, 2019, 38 (5): 112 – 120.

［199］吴旭晓. 经济大省物流业效率动态演化及其影响因素 ［J］. 中国流通经济, 2015, 29 (3): 24 – 31.

［200］Zhao P. , Zeng L. , Lu H. , et al. Green economic efficiency and its influencing factors in China from 2008 to 2017: Based on the super-SBM model with undesirable outputs and spatial Dubin model ［J］. Science of The Total Environment, 2020 (741): 140026.

［201］李健, 田丽, 王颖. 考虑非期望产出的区域物流产业效率空间效应分析 ［J］. 干旱区资源与环境, 2018, 32 (8): 67 – 73.

［202］李建豹, 黄贤金, 揣小伟, 等. 长三角地区碳排放效率时空特征及影响因素分析 ［J］. 长江流域资源与环境, 2020, 29 (7): 1486 – 1496.

［203］Fiss P. C. A set-theoretic approach to organizational configurations ［J］. Academy of Management Review, 2007, 32 (4): 1180 – 1198.

［204］王凤彬, 江鸿, 王璁. 央企集团管控架构的演进: 战略决定、制度引致还是路径依赖? ——一项定性比较分析 (QCA) 尝试 ［J］. 管理世界, 2014 (12): 92 – 114.

［205］杜运周, 贾良定. 组态视角与定性比较分析 (QCA): 管理学研究的一条新道路 ［J］. 管理世界, 2017 (6): 155 – 167.

［206］张明, 蓝海林, 陈伟宏, 等. 殊途同归不同效: 战略变革前因组态及其绩效研究 ［J］. 管理世界, 2020, 36 (9): 168 – 186.

［207］Park Y. , Fiss P. C. , Sawy O. A. Theorizing the multiplicity of digital phenomena: The ecology of configurations, causal recipes, and guidelines for applying QCA [J]. Mis Quarterly: Management Information Systems, 2020, 44 (4): 1493 – 1520.

[208] Schneider C. Q., Wagemann C. Set-theoretic methods for the social sciences: a guide to qualitative comparative analysis [M]. NewYork: Cambridge University Press, 2012.

[209] 杜运周, 李佳馨, 刘秋辰, 等. 复杂动态视角下的组态理论与 QCA 方法: 研究进展与未来方向 [J]. 管理世界, 2021, 37 (3): 180 – 197.

[210] Greckhamer T. CEO compensation in relation to worker compensation across countries: The configurational impact of country-level institutions [J]. Strategic Management Journal, 2016, 37 (4): 793 – 815.

[211] 王东方, 张华荣. 我国城市物流高质量发展失配度分析 [J]. 中国流通经济, 2022, 36 (9): 32 – 46.

[212] Campanella P., Azzolini E., Izzi A., et al. Hospital efficiency: how to spend less maintaining quality? [J]. Annali Dell Isttituto Superiore Di Sanita, 2017, 53 (1): 46 – 53.

[213] 张明, 杜运周. 组织与管理研究中 QCA 方法的应用: 定位、策略和方向 [J]. 管理学报, 2019, 16 (9): 1312 – 1323.

[214] Frambach R. T., Fiss P. C, Ingenbleek P. T. M. How important is customer orientation for firm performance? A fuzzy set analysis of orientations, strategies, and environments [J]. Journal of Business Research, 2016, 69 (4): 1428 – 1436.